Zhongguo Wenhua
Zhishi Duben

中国文化知识读本

满 族

主编 金开诚

编著 蒋肖云

吉林出版集团有限责任公司

吉林文史出版社

图书在版编目（CIP）数据

满族 / 蒋肖云编著 . 一长春：吉林出版集团有限
责任公司：吉林文史出版社，2010.3（2022.1重印）
（中国文化知识读本）
ISBN 978-7-5463-2658-0

Ⅰ . ①满… Ⅱ . ①蒋… Ⅲ . ①满族 – 民族文化 – 中国
Ⅳ . ① K282.1

中国版本图书馆 CIP 数据核字（2010）第 045861 号

满　族

MAN ZU

主编/ 金开诚　　编著/蒋肖云

项目负责/崔博华　责任编辑/曹恒 于涉

责任校对/钟 杉 装帧设计/曹恒

出版发行/吉林文史出版社　吉林出版集团有限责任公司

地址/长春市人民大街4646号　邮编/130021

电话/0431-86037503　传真/0431-86037589

印刷 / 三河市金兆印刷装订有限公司

版次 /2010 年 3 月第 1 版　2022 年 1 月第 3 次印刷

开本/ 650mm×960mm　1/16

印张/8　字数/30千

书号/ISBN 978-7-5463-2658-0

定价/34.80元

关于《中国文化知识读本》

　　文化是一种社会现象，是人类物质文明和精神文明有机融合的产物；同时又是一种历史现象，是社会的历史沉积。当今世界，随着经济全球化进程的加快，人们也越来越重视本民族的文化。我们只有加强对本民族文化的继承和创新，才能更好地弘扬民族精神，增强民族凝聚力。历史经验告诉我们，任何一个民族要想屹立于世界民族之林，必须具有自尊、自信、自强的民族意识。文化是维系一个民族生存和发展的强大动力。一个民族的存在依赖文化，文化的解体就是一个民族的消亡。

　　随着我国综合国力的日益强大，广大民众对重塑民族自尊心和自豪感的愿望日益迫切。作为民族大家庭中的一员，将源远流长、博大精深的中国文化继承并传播给广大群众，特别是青年一代，是我们出版人义不容辞的责任。

　　《中国文化知识读本》是由吉林出版集团有限责任公司和吉林文史出版社组织国内知名专家学者编写的一套旨在传播中华五千年优秀传统文化，提高全民文化修养的大型知识读本。该书在深入挖掘和整理中华优秀传统文化成果的同时，结合社会发展，注入了时代精神。书中优美生动的文字、简明通俗的语言、图文并茂的形式，把中国文化中的物态文化、制度文化、行为文化、精神文化等知识要点全面展示给读者。点点滴滴的文化知识仿佛繁星，组成了灿烂辉煌的中国文化的天穹。

　　希望本书能为弘扬中华五千年优秀传统文化、增强各民族团结、构建社会主义和谐社会尽一份绵薄之力，也坚信我们的中华民族一定能够早日实现伟大复兴！

目录

一 源远流长的族源历史

我们的历史书上是这样介绍满族的：满族历史悠久，可追溯到两千多年前的肃慎人。肃慎人是满族的最早祖先。汉代称"挹娄"，南北朝时称"勿吉"，隋唐时称"靺鞨"，辽、宋、元、明几个朝代则称"女真"。长期生活在长白山以东、黑龙江、乌苏里江流域的广阔地区。16世纪后期，努尔哈赤崛起，以女真人为主体融合了部分汉人、蒙古人和朝鲜人，形成了一个新的共同体——满族。

由此可见，满族历史悠久，那么满族最初的祖先究竟是从什么时候出现的呢？

一个关于长白山东北布库里山山下的布

长白山秋景

长白山冬景

儿湖里泊的故事给了我们答案。传说有一天，三个仙女沐浴于布儿湖里泊，其中最大的仙女叫恩库伦，第二个叫正库伦，最小的叫佛库伦。她们沐浴完毕上岸的时候，佛库伦误吞了神鹊衔来的朱果，并因此怀了孕。

恩库伦、正库伦叮嘱佛库伦说："这是天授妊娠于你，等你生产后，身子轻了再走吧。"说完便飞回了天上，留下因身重无法飞离地面的三仙女佛库伦。佛库伦只好一人留在了长白山，最后经过了十二个月怀胎，她生下了一个异常健壮的儿子，

源远流长的族源历史

黑龙江风光

取名布库里雍顺。布库里雍顺长大后，佛库伦将他的身世告诉了他，并对他说："你是奉天之命生在人间的，意在让你去平息暴乱，安邦定国。"说完，她做了一只小木船，让儿子坐在上边，顺流而下，指引他到他该去的地方。

布库里雍顺按照母亲的旨意，乘船来到了一个有人居住的地方，那便是长白山东南的鄂多理城。布库里雍顺到那里后折柳做成椅子，并端端正正独坐其上。当时，鄂多理城内有三姓，为争夺一方霸权，终日互相残杀。有一天，有一个人去取水时，发现了举止奇异、相貌非常的布库里雍顺，于是回去告诉了众人。三姓人闻听此事后，马上停止战争，前去质问布库里雍顺。布库里雍顺说："我是天女佛库仑所生，姓爱新觉罗，名布库里雍顺，天降我来平定三姓之乱。"三姓人认为布库里雍顺神异，于是停息了战争，并推举布库里雍顺为首领，还给他娶了妻子。于是，布库里雍顺就成了满族的始祖，长白山东北布库里山山下的布儿湖里泊也就成了满族的发源地。

然而，传说不是史料，要想真正问个所以然，还得从历史说起。

事实上，满族一开始并不叫"满族"，也并不是一开始就形成了一个民族，而是经过了漫长的演化才逐渐形成了今天的满族共同体。满族的祖先，据说在原始社会时期就居住在长白山以北、东北海滨和黑龙江流域的那一片广阔的土地上，靠狩猎捕鱼为生。他们属于通古斯族的后裔，通古斯族语称其为"朱里钦"，翻译成现代的汉语就是"东方人"的意思，可是，那时候却被中原人翻译为"肃慎""稷慎""息慎"等名字。后来这些名字一直在改变，后汉、三国时，肃慎人被称为"挹娄"，北魏时又被称为"勿吉"。到了隋唐时，

捕鱼

源远流长的族源历史

松花江

肃慎人又被统称为"靺鞨"。"靺鞨"原来有数十个部，后来发展为七大部，其中粟末靺鞨、黑水靺鞨的实力最强大。粟末部的首领叫做大祚荣，唐武周圣历元年，他曾建立了一个政权——震国，后来他接受唐册封后，这个政权就改称"渤海国"。这是满族历史上建立的第一个政权。这个时期，粟末靺鞨人是渤海人的主体，黑水靺鞨人落后于渤海人，甚至有些成为他们的附属。

然而，"渤海国"建立二百年以后，就被契丹族建立的辽国灭掉了，契丹族的首领阿保机在渤海政权原来的地方上建立了一个大辽政权。大辽把"靺鞨"称为"女真"。关于"女真"一词语源，一般认为是"肃慎"

的转音或同音异译。其含义也随人们对肃慎的不同理解而不同，其中有一种说法认为，女真的含义为东方之鹰（海东青），满族是"鹰的民族"的说法即由此而出。辽统治者把"女真"分为"生女真"和"熟女真"，分别管治。熟女真指被辽同化、固定在某一地区放牧与耕种的女真人，他们原来居住在松花江以南，比较先进。生女真指未被辽朝同化、停留在渔猎与游牧生活之中的女真人，他们主要出于黑水靺鞨，分布在松花江、黑龙江中下游以及牡丹江、长白山一带，比较落后。

"生女真"有个完颜部，其首领叫做完颜阿骨打，他统一了女真各部，并于

游牧生活

源远流长的族源历史

1115年建立了金国。这个时期，黑水靺鞨是女真族的主体，完颜阿骨打逐渐统一辽代女真各部的过程中，其他女真各族才又逐渐统一起来，此过程中还融合、同化了不少其他外族人，也就是说此时的女真族就已经是一个包括许多个民族的族群了。后来金国灭掉辽国，打败北宋，成为与南宋并立的王朝。但是，南宋理宗端平元年，蒙古又灭掉金朝的女真政权建立了元朝，女真又处于元朝的统治下，这个时期，一部分的女真人改易汉姓，融入到了汉民族中。

到了明朝初年，东北地区的女真族被分为三大部——野人女真、海西女真和建州女

满族官帽

满族

真。这三大部之间及其内部不断发生兼并和掠夺战争。建州女真部首领爱新觉罗·努尔哈赤，于明万历十七年，统一了女真各部。努尔哈赤在征战的过程中，把原来分散贫弱的女真发展成了一个以建州、海西女真人为主体，大量吸收野人女真人、蒙古人还有部分汉人、达斡尔人、锡伯人、朝鲜人而形成的一个新的民族集合体。

努尔哈赤像

1626 年，努尔哈赤病逝，他的儿子皇太极继位。后金天聪九年皇太极颁布命令，把女真 (诸申) 的旧称号改称"满洲"，"满洲"在满语的意思是"吉祥。"满洲"的出现，标志着中国历史上一个新民族的诞生与崛起。清代一直沿用"满洲"这一名称，辛亥革命后，才把所有满洲之人通称"满族"，从此"满族"沿用至今。

历史发展到今天，满族已经是一个枝繁叶茂的大民族了，人口数在中国五十五个少数民族当中居第二位，仅次于壮族。满族人的足迹遍布在全国各地，分布最集中的要数东北三省，其中辽宁省最多，有百分之五十以上的满族人口聚集在辽宁，其余大部分则多分布在河北、内蒙古、宁夏、甘肃、新疆、山东、福建等地，还有

源远流长的族源历史

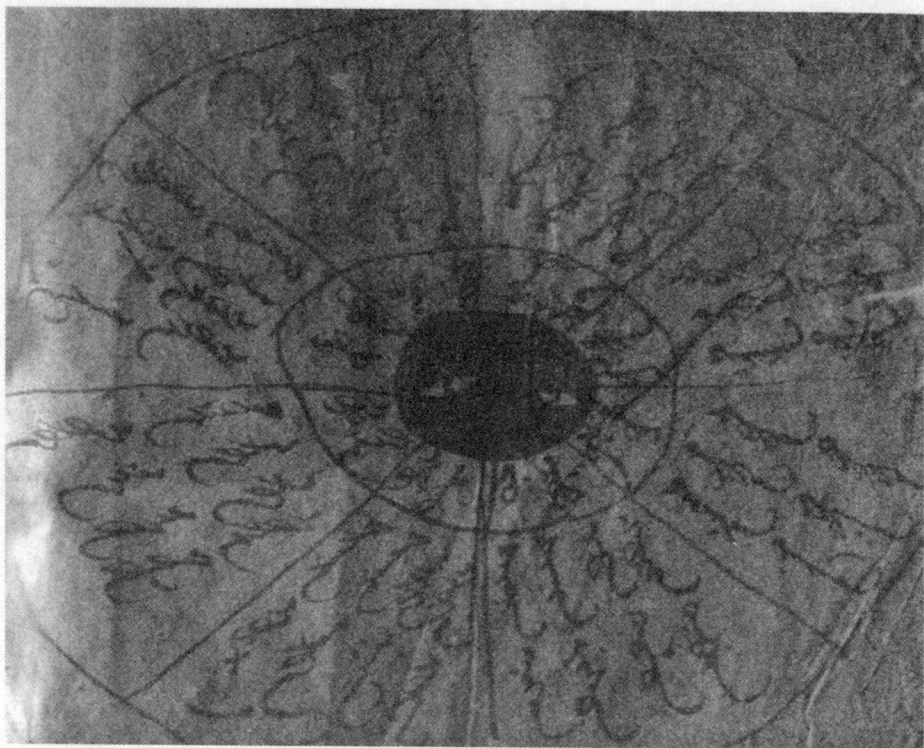

古代手抄满文

一小部分散居于北京、天津、上海、西安、成都、广州等大中城市。

无论是民族经济的发展还是文学艺术的繁荣上，满族都正呈现出蒸蒸日上的发展之势。然而，有一点却是令满族人十分担忧的，那就是满族的语言和文字正在慢慢地失传。满族是中国少数民族当中少数几个拥有本民族语言和文字的民族之一。然而，今天，满族普遍使用汉语汉字，会说满语会写满文的满族人已经屈指可数了。

满语来源于古代女真语，属阿尔泰语系

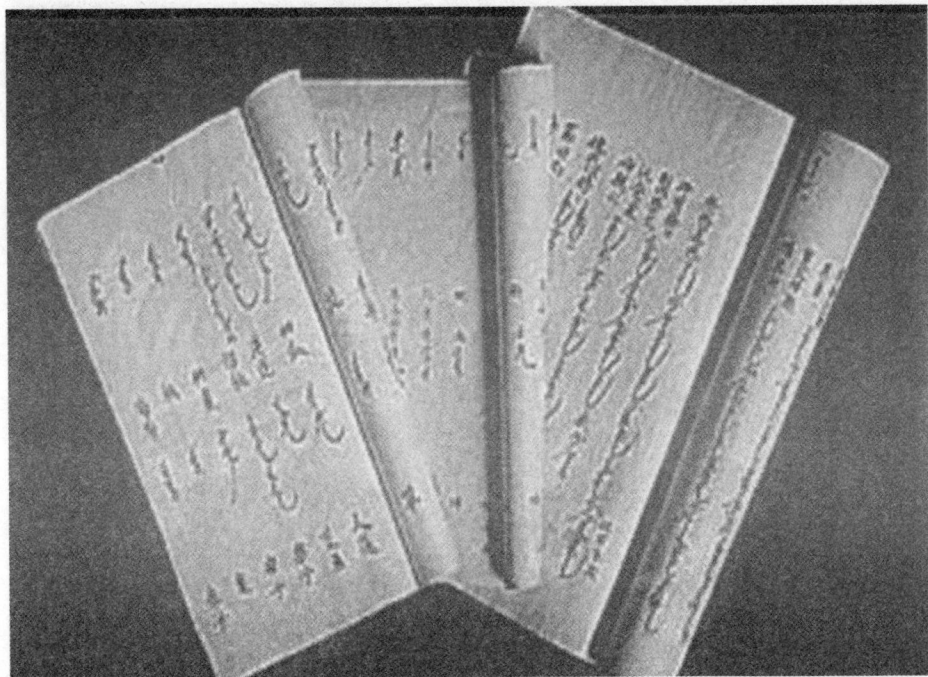

满—通古斯语族—满语支，后来在发展过程中融汇了汉语、蒙古语的元素，形成了今天的满语。但是长期以来满族（女真）没有本民族的文字，经常是讲女真语，写蒙古文，非常不方便。

为了解决这些问题，万历二十七年，努尔哈赤命令当时最有学问的满族语言学者额尔德尼和噶盖参照蒙古字母创制出了满文。起初，这种文字没有圈点，后人称为"老满文"和"无圈点满文"。"老满文"并不完善，用起来很困难。所以，天聪六年清太宗皇太极又命精通满、蒙、汉文的

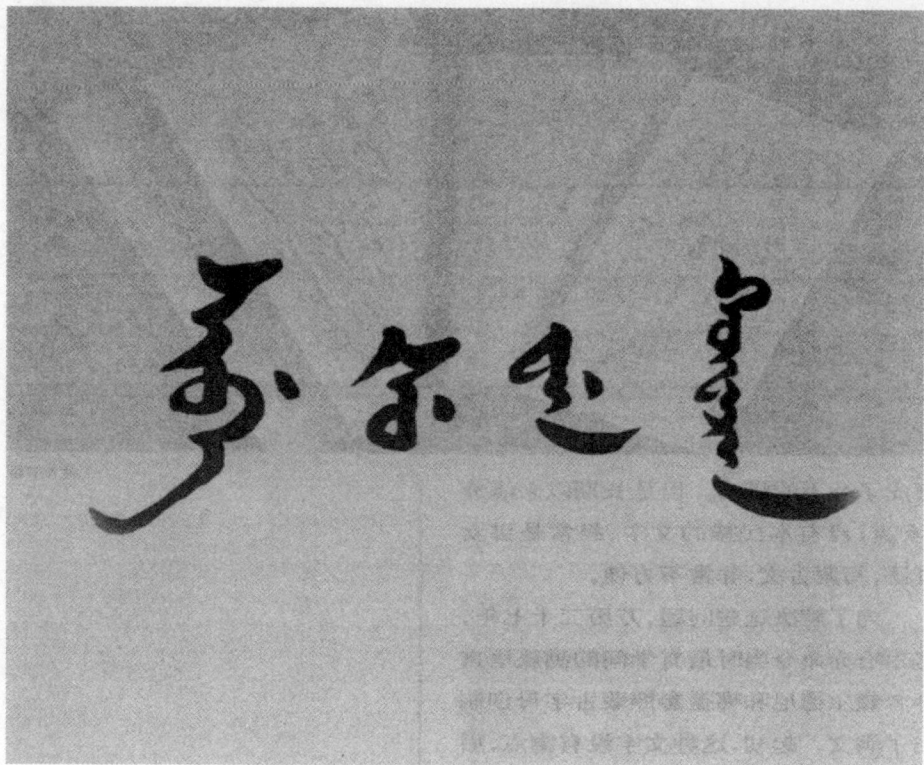

满文书法

满族学士达海对"老满文"进行改革。改革后的满文，在字母右侧上酌情加上了圈点，被称为"有圈点的满文"，也称"新满文"。

满族入关以后，满文成为官方文字，统治者非常重视满文的推广和使用，满文对满族历史和保存中华民族的文化都起到了很重要的作用。随着与汉族的关联越来越密切，满族便逐渐学习汉族的语言、文字，今天满语满文正在慢慢地流失，人们为此痛心疾首，拯救满语、满文的呼吁之声处处可闻。

二 极富特色的衣食住行

满族服饰高雅华贵

满族是一个历史悠久的民族，其祖先日常生活中的习惯千百年来沉淀下来，形成了鲜明的满族特色。满族的特色体现在方方面面，尤其是日常生活习俗、传统节庆、人生礼仪、信仰禁忌等方面更是尽显满族本色。

（一）衣

提起满族的特色，人们首先想起的就是那极具满族特色的高雅华贵的满族服饰。看过"清宫戏"的人对那些色彩鲜艳、款式独特的满族服饰都不会太陌生。尤其是旗袍，穿着旗袍的人举手投足间别具民族风情。

旗袍，满语称为"衣介"，努尔哈赤统一了女真各部，建立后金政权，推行八旗制度，由此人们把满族、蒙古、汉军八旗男女老少都穿的袍服称为"旗袍"。但民国以后所说的旗袍，专指由清末妇女所穿的袍服演变而成的一种女性服装样式。

事实上，以前满族男子穿的袍服也是"旗袍"，但是我们通常不叫它"男袍"。满族先祖长期在东北的山林中过着狩猎生活，男子大多都擅长骑射，因而他们早期的服饰也多是为适应这样的骑射生活而设计的。男袍就明显体现了这些特点。男袍袍袖窄、四面

满族宫廷服饰

开衩、长至脚面，下摆肥大，这样的样式非常便于骑射，因而又被称为"箭衣"。男袍的袖口上附带一个半圆形的袖头，满族称之为"箭袖"（满语音为"哇哈"），冬天骑射时放下袖头盖在手背上，既可以御寒，又利于拉弓射箭。它的形状有点像马蹄，因而又称为"马蹄袖"。满族入关后，就开始过上定居的农业生活，渐渐地脱离了骑射生活，所以马蹄袖失去了它原来的作用而成为装饰物，平时向上翻起，而官员向上级行礼时则先将"马蹄袖"弹下，然后行礼。男袍外面通常还扎一条腰带，腰带上可拴挂玉佩、荷

龙袍

包、烟袋等物，将腰带一束，前襟还可以放物品。色彩上，男袍以蓝、黑二色为主，以显庄重，也有穿白、红、紫色的，但黄色是普通民众绝对忌用的，因为是皇家的独尊之色。说起来，努尔哈赤的时候，"上下同服"，对服饰还没有过多的限制，到了皇太极的时候，为了维持本民族的生活方式和风俗习惯，才从皇帝到兵丁的服饰都有严格的限制。比如说，文武百官不同品级穿不同的衣服，文官和武官的服饰还有区别，文官的服饰前后绣飞禽，武官的则绣走兽等等。

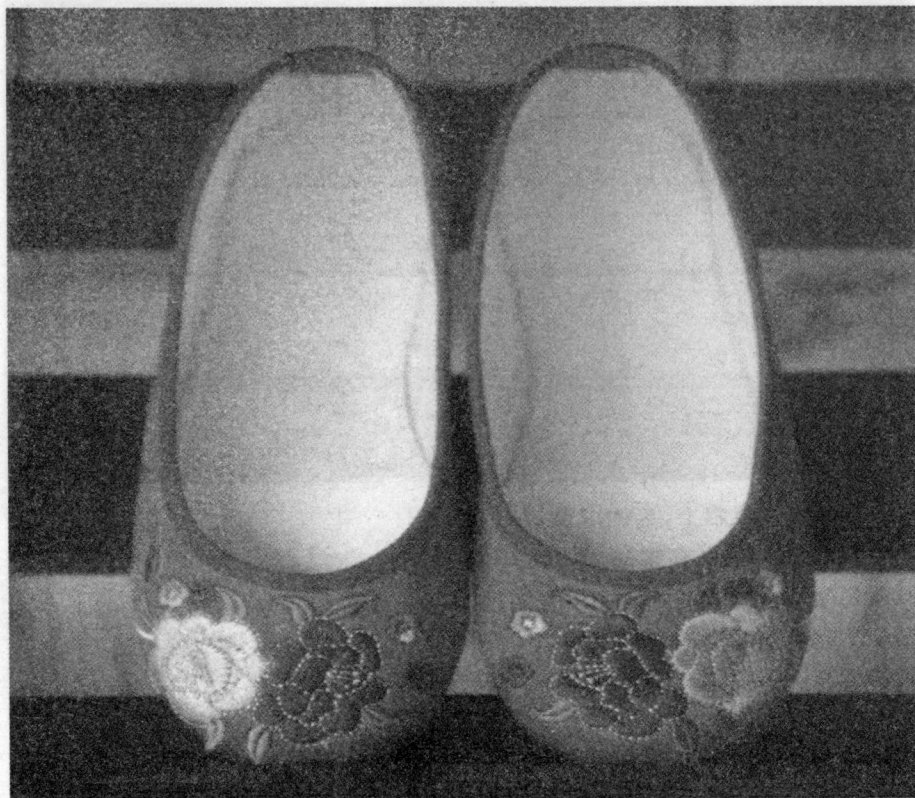

绣花鞋

说到男袍，就不能不说说套在"袍"外面穿的马褂儿。

满族人里流传着这样一个俗语："天河开衩，该穿马褂儿。"从这俗语里可以知道，马褂儿是冬天穿的。马褂儿确实就是冬天满族人射猎时为便于骑马和使身上暖和而穿用的衣服。一般是圆领，长度及腰，袖长及肘，套在旗袍外面穿。清朝满族诗人缪润绂曾作诗一首："卷袖长衫称体裁，巧将时样斗妆台，谁知低护莲船处，争及罗裙一击来。"

满族

对马褂儿进行了生动形象的描绘。清初，穿马褂仅限于八旗士兵，至康雍年间，马褂作为八旗的一种象征，逐渐在满族各个阶层流行开来。以后，由于清帝提倡骑射，经常以马褂赏赐臣下，马褂成为一种"礼服"，八旗士兵尤以得皇帝赏赐的"黄马褂"为荣。后来，马褂演变为具有一定身份的男子在礼仪场合加穿的"礼服"。民国的时候，人们出入重要场合的时候还常穿马褂，也就是今天我们称为"唐装"的礼服。现在我们常见的对襟小棉袄，就是马褂儿演变过来的。

极富特色的衣食住行

还有一种套在袍外穿的服装，叫做坎肩。坎肩也叫"马甲""背心"，男女通穿。将马褂去袖，衣长及腰，两侧开裰就成了坎肩。坎肩不是满族首创的服饰，是满族改造汉族的"半臂"样式而成的，用于骑马时使前胸后背保暖免受风寒，后来基本上只作为装饰。现在，坎肩还是中国社会流行的服装。

不仅满族男子的男袍、马褂儿、坎肩都是适应骑射生活而设计的，就连男子发式也被认为与骑射生活相关联。

清代满族男子发式继承了金代女真人"半剃半留，即前剃后留"习俗，被称为"发垂辫"。即在额角两端引一条直线，将直线以前头发全部剃去，只留颅后头发，将它编结为辫，垂于脑后。传说这种发式与女真族骑射的生活方式有关。以前的女真族人过的是游牧生活，经常要骑马射杀猎物，为避免猎射野物时前额的头发遮挡视线，所以把这块剃去了。清代满族非常重视发辫，据说在战场上为国捐躯的将士，常常因为条件不允许不能把遗体带回故乡，但无论如何发辫是要一应带回的，俗称"捎小辫"。这想必与满族的信仰萨满教有关。萨满教认为，人的头部最靠近天穹，也就是他们最尊敬的神界，

满族男子服饰

满族

020

发辫就长在人的头部，因而是人的灵魂所在。这也许就是清代满族人如此重视发辫的原因吧。清王朝在北京定都后，曾强令剃发，使得"发垂辫"遍及全国。

现在，满族男子已经不再留这种发式了，男袍也彻底退出了满族人民日常生活，然而，令人惊讶的是，满族妇女所穿的旗袍却魅力依旧，它不仅流传了下来，还成为了当今世界时装舞台上的一朵奇葩。

满族妇女最初穿的旗袍是长马甲形的，后来演变为宽腰直筒式，长到脚面，领、襟、袖的边缘都镶上宽边作为装饰，并由一道发展为多道，以多为美。旗袍还加绣了花卉、流云、孔雀、蝴蝶、蝙蝠、寿字等美丽的图案，色彩鲜艳繁多，样式美观大方，整体看起来，很能彰显穿着之人雍容华贵的气质。后来，很多汉族女子终于也都穿起了她们羡慕已久的旗袍。这时候，人们的审美观念发生了变化，旗袍的样式也大体上由肥变瘦，越来越突出女性的曲线美。20 世纪 30 代初，西方短裙曾一度影响了旗袍的样式，旗袍长度变短了，有些短到了膝盖处，袖口也缩窄了。到了中期的时候，旗袍长度又加长且两边开高衩，女性的曲线美和性感

穿着旗袍的满族女子

满族

清代宫女服饰

美得到了淋漓尽致的体现。后来还出现了短袖或无袖旗袍，时人称为"时装旗袍"，之后，旗袍又发展为肩缝和装袖式旗袍裙等。不管怎样演变，妇女旗袍的色彩总是那么绚丽夺目，款式永远那么别致，让穿的人看起来婀娜多姿，富于美感，充分展现了东方女性含蓄优雅的魅力。

今天，旗袍已成为国际时装上的奇葩，享誉全世界。一般在出席重要的宴会或者庆典活动时才穿，旗袍成为了高级品味的代言，身价百倍。

清代满族妇女的旗袍虽美，但要是穿

清代格格出嫁时的发式

着的时候少了两样东西也会美中不足。那就是"旗头"和"旗鞋"。

认识"旗头"之前，得先了解清代满族已婚妇女的典型发式——"两把头"。满族已婚满族妇女多是绾髻，其中"两把头"最为典型。两把头就是把头发束在头顶，分成两绺，各绾成一个发髻，然后再将后面的余发绾成一个"燕尾式"的长扁髻。平时，发髻上还要横一个被称为"大扁方"的头簪，喜庆吉日或接待贵客常常戴上"旗头"。"旗头"也就是从"两把头"发展而来的。

"旗头"，满语叫"答拉赤"，民间也叫"大京样"，实际就是一个长约三十厘米、宽约十厘米的扇形头饰，以铁丝或竹藤为帽架，用青素缎、青绒或青纱为面蒙裹而成，头饰上常绣图案、镶珠宝或插饰各种花朵、缀挂长缨穗等，佩戴时固定在发髻之上。"旗头"多为满族上层贵族妇女所用，普通满族人家妇女只是在逢年过节外出做客和操办婚嫁喜事时才佩戴。"旗头"这种头饰，限制着脖颈的扭动，使穿戴之人身体自然挺直，显得人身材修长，亭亭玉立，颇显端庄典雅的气质，若再和"旗鞋"组合在一起，那就是锦上添花了。

"旗鞋"，俗称"寸子"，多在庆典祭祀时穿用。旗鞋以木为底，鞋根起于中央，其木底高跟一般在 5-10 厘米，有的可达 14-16 厘米，最高的可达 25 厘米。根据鞋根形状不同通常将旗鞋分为两种，一种外形远看很像花盆，所以名之为"花盆底"鞋；而另一种不管外形还是落地的印痕都像马蹄印，因而得名"马蹄底"鞋。"花盆底"和"马蹄底"都统称"高底鞋"。

　　关于这种高底鞋的起源，民间有不同的说法。一种说法，说是满族的先民为了渡过一片泥塘，夺回被敌人占领的城池，便学着白鹤的样子，在鞋上绑上了高高的树杈子，渡过了泥塘战胜了敌人，取得了

带辫子的圆帽

极富特色的衣食住行

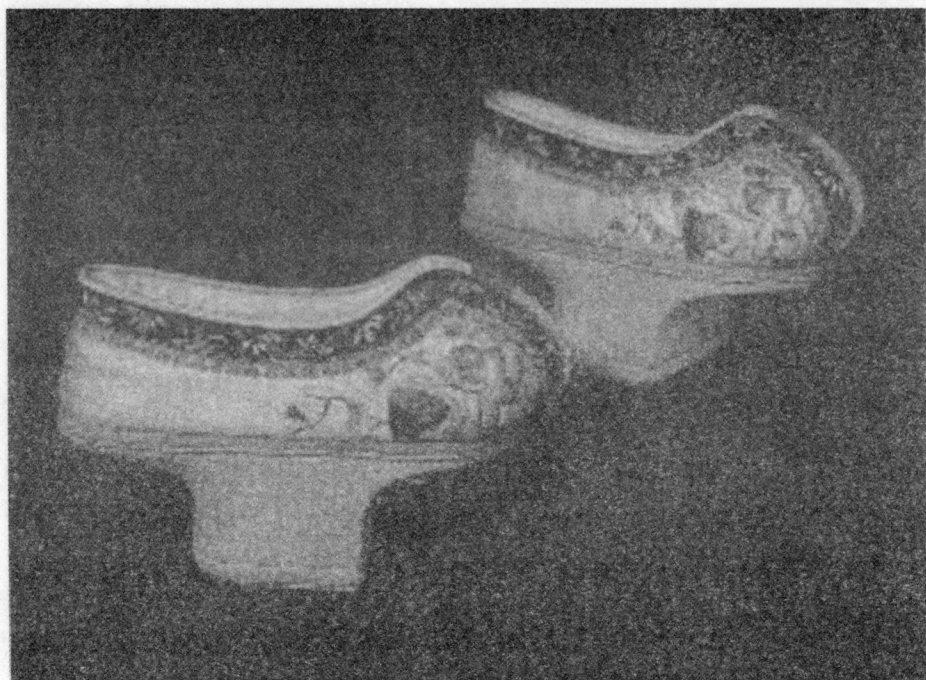

旗鞋

胜利。人们为了纪念高脚木鞋的功劳，妇女们便穿上了这种鞋，并世代相传，后来样式不断改进，成了现在的样子。另一种说法认为，过去满族妇女经常上山采集野果、蘑菇等，为防虫蛇叮咬，便在鞋底绑缚木块，后来发展成了高底鞋。实际上，满族妇女常穿着下及脚踝的肥大旗袍，又梳着高髻旗头，穿高底鞋就是为了配合旗袍和高髻旗头以保持袅娜摇曳又不失稳重的身姿和步态。这种鞋开始只是流行于宫中后妃和贵族官员家眷的范围，后来流传到民间，现在仅在影视剧中舞台上可见。

满族

但是平时满族妇女是不穿"旗鞋"的，她们多穿平底鞋，鞋前脸多绣"云头"。男子则常穿便鞋"大傻鞋"和"千层底儿"（因用多层袼褙做鞋底而得名）。还有满族百姓冬季常穿一种用牛皮或猪皮缝制，内絮靰鞡（乌拉）草制作而成的乌拉（靰鞡）鞋，这种鞋非常轻便，利于行走还可以保暖。

（二）食

满族在服饰上有享誉世界的"旗袍"，在饮食方面，也有一样曾名满神州大地的瑰宝，那就是"满汉全席"。

"满汉全席"又名"满汉燕翅烘烤全席"，形成于清中叶的清代官府，它集中了满汉饮食的精粹，还吸收了蒙、回、藏等民族食品的精华，把中国传统的菜肴推到了一个新的高峰。

满汉全席的主基调，是满族的烘烤、蜜饯、锅类烹法以及甜点、粥品。其中，熊掌、飞龙鸟、猴头、人参、鹿尾、鹿筋、驼峰等席上珍肴是满族故土的特产，其做法是满族传统的烧、烤、煮、蒸。火锅类、涮锅类、砂锅类菜肴占突出地位，这类菜

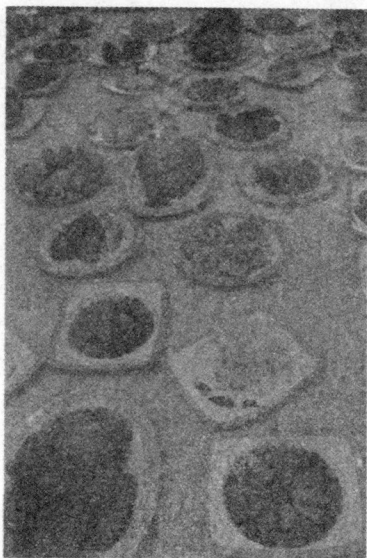

满汉全席把中国传统菜肴推到了一个新的高峰

极富特色的衣食住行

肴都和满族风味有关。喜食蜜制食品是满族的饮食传统，所以，干、鲜果品和蜜饯甜肴，及蜜饯果脯为主配料的肴馔，是满汉全席不可缺少的组成部分。至于饽饽和粥品，则是满汉全席的主食。满汉全席菜品繁多精美，少则几十种，多则近二百种，是我国最著名的、规模最大的古典筵席，标志我国烹饪技艺发展的一个高峰，现已经成为中国饮食文化中的瑰宝。

当然，不是所有的满族人都能吃得起"满汉全席"的，普通满族老百姓的日常饮食也是相当具备满族特色的。

满族八大碗

满族

平时在主食方面，满族以杂粮为主食，常食的谷物有稗、粟、小麦、大麦、秫、黍、稷、高粱、荞麦等。满族多以面食为主，尤其喜欢黏食。满族有一首情歌道出了黏食在满族的心中有举足轻重的地位。这首情歌就是：

黄米糕，黏又黏，红芸豆，撒上面，

格格做的定情饭，双手捧在我跟前。

吃下红豆定心丸，再吃米糕更觉黏。

越黏越觉心不散，你心我心黏一团。

这首满族情歌，借黏糕的"黏"的特性抒发了男女青年间的浓情蜜意，可见饽饽在满族人心中的重要位置。为什么黏食在满族心中有如此特殊的地位呢？这还与满族祖先的生活相关。满族祖先经常要远征、出猎，黏食耐饥，是最理想不过的食物。久而久之，满族人们喜吃黏食这一习俗便流传了下来。现在满族过年时仍要吃黏食，但不再是为了耐饥饿，而是认为"黏"与"年"同音，吃"黏"食有"年"意。常见的满族黏食有黏豆包、黏米面子、黏糕、柞树叶饼、苏子叶饼等。值得一提的还有满族的饽饽。满族把馒头、包子、糕点等面食统称饽饽，大多数是用黏高粱、黏玉

满族美食粘豆包

极富特色的衣食住行

029

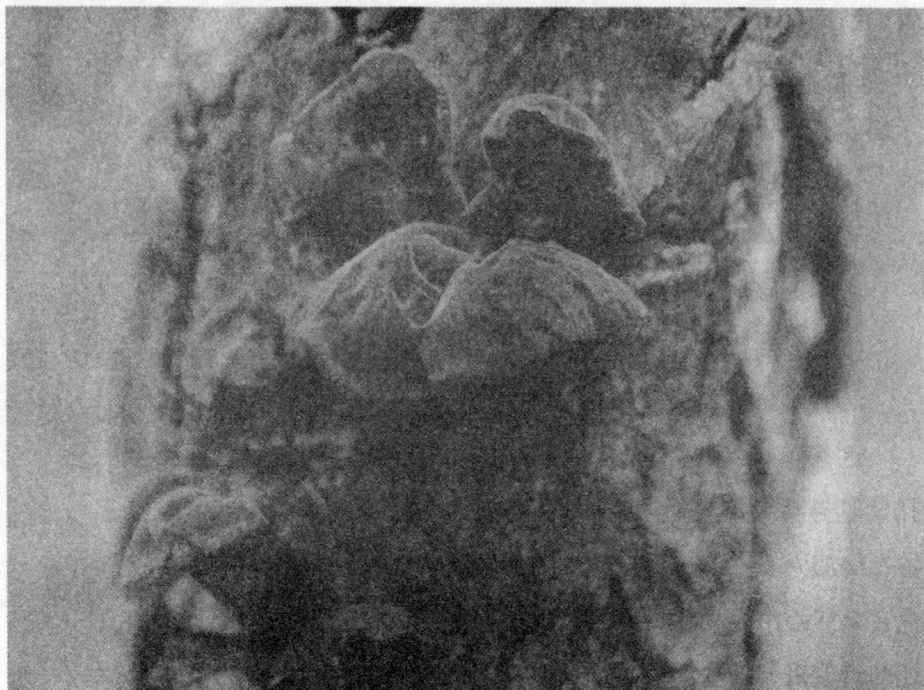
木耳

米、黄米等黏物磨成面制作而成。满族的饽饽，久负盛名，清代时是必不可少的宫廷主食。今天全国著名糕点萨其玛的前身就是满族的搓条饽饽。

俗话说得好"一方水土养一方人"，满族的食物构成和饮食习惯，与他们的生活环境是密切相关的。在副食方面，在满族人以狩猎、采集为生的时代，羊、野猪、狍、鹿、獐、河鱼、山鸡、蛤什蚂等各种猎物和鱼类还有各种山果、菌类都曾是他们主要的菜肴。白山黑水间就流传着这样一首民谣："棒打狍子瓢舀鱼，野鸡飞到饭锅里。"生动形象地描绘了当时满族人的菜肴构成。

入主中原后，满族的经济生活转向以农业为主，他们在副食方面的饮食习惯也发生了相应的变化。现在食用的其他肉类，满族大多都在食用，其中尤其喜欢食用猪肉，这个习俗从祖先肃慎、挹娄时就世世代代相沿了。满族用猪肉及其下水做出很多风味独特的菜肴，如白肉血肠、酸菜粉、余白肉和酱、熏、烤猪头等风味佳肴。但是满族不食狗肉，不能打更，不能食用乌鸦和喜鹊，因为民间传说这三种动物都曾搭救过他们的先主努尔哈赤。满族日常蔬

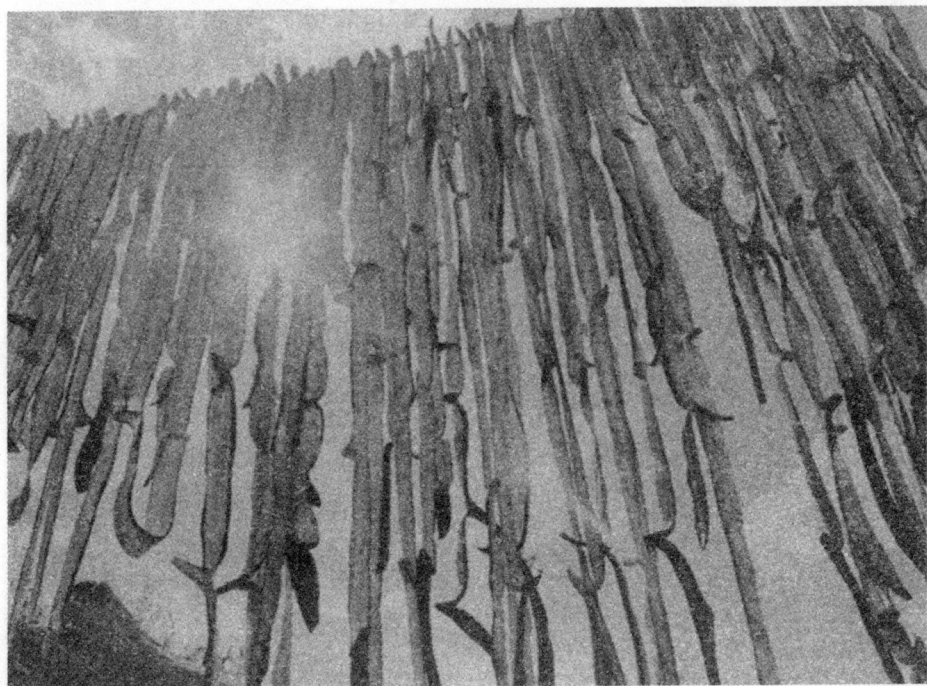

秋季晾晒的茄子条

极富特色的衣食住行

菜就比较丰富了，有白菜、萝卜、土豆、芸豆、茄子、辣椒、葱、蒜等蔬菜。冬天寒冷的时候，缺乏新鲜蔬菜，满族民间就常食用腌渍的大白菜（即酸菜）。酸菜多用熬、炖、炒和凉拌的方法食用，其中酸菜炖白肉、酸菜炖粉条最大众化，酸菜下火锅也是常见的吃法。此外，蕨菜、刺嫩芽、大叶芹、抢头菜、柳蒿、四叶菜、寒葱等山野菜及木耳、各种山蘑菇等也是东北地区的满族常食用的菜。

（三）住

满族的房舍的历史经历了从"巢居地穴"到"口袋房"一直到今天宽敞明亮的房屋三个阶段。发展到今天，除了山区一部分满族

满族的民居建筑被称为"口袋房"

人家的老屋外，满族在居住方面已与汉族无异。这三个阶段的变化是满族人民世代辛勤劳动的结果，昭示着满族生活水平的日益提高。

满族的先祖，过着游牧骑射的生活，不停地随水草迁徙，居无定所，所以严寒秋冬到来的时候只能掘地穴而居。直到辽代，满族先祖才开始有了房屋。

辽代后出现的满族房舍有四大特色，东北民谚"口袋房、万字炕、烟囱立在地面上"生动形象地概括满族房舍的三大特色。

满族人的房屋坐北朝南以便于采光，多为三间或五间，房门多开在东端南边，

极富特色的衣食住行

满族传统民居

整座房屋形看似口袋，因此称作"口袋房"。屋里南、西、北三面筑有大土坯炕，成"仁"子形，俗称"万字炕"，满语为"土瓦"。西炕最窄但最为尊贵，上面设置一个搁板，作为供奉祖宗的地方，不准住人，也不许堆放杂物。满族有"以西为贵"的习俗。这习俗源于一个传说。相传，满族的早期神话世界中，天穹主神是阿布卡赫赫，她身边有四位方向女神，看到人类辨不清方向，生活艰难，便下来给人类指方向。因西方女神洼勒格先到人间，指明了那是西方，所以人类先敬奉她。尽管这只是传说，但满族"以西为贵"的习俗却是实实在在的。盖房时，先盖西房，后盖东房。落成的正房，西屋为大，称为"上屋"，上屋西炕更是敬祭神祖的圣洁场所。

"烟囱立在地面上"是满族房舍的一个特出特点。满族房舍的烟囱一般安在西面南侧距墙三尺左右的地方，烟囱自地面垒起，高度一般与房檐相当，下部通过一道内留烟道的矮墙与住室内烟道相通。这样设计的烟囱能引导烟火走向，让烧柴草时散发的热量保留于炕中，烟也可以顺着地沟集中到大烟囱径直排出去，一举两得。

关于烟囱，满族有个有趣的传说。据说，

清宁宫后面西北角矗立着皇宫中唯一的大烟囱，那烟囱底座特别粗大，共有十一节，自下而上，一节比一节细，到了第十一节，上面就砌了三块砖。为什么这样设计这个烟囱呢？原来这里面是有讲究的。据说大清朝的皇帝皇太极曾立下规矩，每一个新皇帝即位，烟囱就往上砌一节，象征大清朝"一筒(统)江山"，也象征大清命运节节高升。从努尔哈赤建立金到清末溥仪宣布退位，共经历了十二位皇帝，大烟囱也就建到了第十一节。但是为什么还要在上面砌三块呢？据说是因为溥仪只当了三年皇帝，所以，只好在烟囱上多砌了三块砖。民间还传说当年乾隆皇帝东巡时，专为满族烟囱作御诗一首，诗中称赞道："水火每资叩黄昏，焚炊常看引朝烟。疏风避雨安儿稳，直外通中朴且坚。"这足见满族人民对烟囱的特殊感情。在民间，老百姓还认为烟囱根是死人魂灵寄身之处，逢年逢节，都要在此处烧纸祭奠。如果家中有老人病重咽气，儿女还要到烟囱根下喊"朝西南光明大道走"，意为"指路"。

满族过去的住房，还有一个特点，就是在院内筑立有一影壁，影壁旁立有供神

满族民居一角

极富特色的衣食住行

冬天马拉雪橇

用的"索伦杆",用以祭天。"索伦杆"的杆长九尺许,茶碗一般粗细,杆下用三块巨石固定,杆上通常放一个碗状锡斗或草把,每逢年节,放粮食、碎肉供鸦雀食用。满族人心中,这个神杆非常神圣,忌讳摸、动,甚至连日照的影子也忌讳践踏。这个杆子的由来也和努尔哈赤有关。相传,努尔哈赤年轻时,手持索伦棍,头顶北斗星,在长白山放山挖"棒槌"(人参),艰苦创业,后来打下江山。所以,这索伦杆就是他放山时的索罗棍。那为什么要放置粮肉喂养乌鸦和喜鹊呢?传说乌鸦和喜鹊是天神女,曾在危难之中救过努尔哈赤的命,后人逢年节置粮肉喂养,就是为了报答他们搭救先主之恩。也有人认为是满族古代祭神树的一种演化。不管怎么说,神杆成了过去满族住宅的独特标记。直到今天,仍有一些乡下地区的满族保留了这一习俗。

(四)行

旧时,满族主要的交通工具为马、畜力车、木船和爬犁。爬犁 又称雪橇,是行使在冰雪上的交通工具。由牛、马、狗拉引,速度极快,现在部分东北地区冬季仍在使用。

三　历史悠久的传统节庆

节日里挂上大红灯笼

满族独有的传统节日主要有"走百病""颁金节""添仓节"和"开山节"等。入关后受汉文化影响，满族有不少节日与汉族同俗，但是关于节日的传说和过法别有一说，体现了浓厚的民族特色。

（一）春节

全国各地区的满族都重视春节，过法与汉族都大同小异。"小异"在什么地方呢，异在三十那天。三十那天，除了清洁门户、贴福字、对联、窗花外，还有一道工序叫做挂笺，也叫挂旗。挂旗，一般是一尺左右长的彩纸，中间剪成各种图案，比如"寿福"两字和松、鹤、鲤鱼等表示吉祥意味的动植物图案，尾端则剪成穗形。三十那天，家家户户都在院内树立灯笼杆，杆上扎松枝，挂灯笼，挂旗就插在松枝上以象征一年的吉祥开端。以前，挂旗的颜色是有讲究的，满族初始分为"红、黄、蓝、白"四旗人，所以有些地区，挂旗的颜色要与自身的旗籍一致。也有一些满族人家还保留了满族特有的立索伦杆的传统，要在院中立索伦杆。年三十的下午，要用年前就准备好的糕点、米酒等供品礼佛、祭祖。礼佛祭祖是满族过年的头等大事。礼佛祭祖之后是接财神，放鞭炮，还要来回踩早就放好在院内的芝麻秸，象征"步步登高"。到了晚上，满族人家家家户户都包饺子，但是与以往不同，这个晚上捏饺子、摆饺子、煮饺子的时候都很有讲究。首先捏饺子不能捏出没有边的饺子（满族人戏称"和尚饺子"），因为在满族人心里，年三十的饺子就相当于新的一年的日子，吃没有边的饺子，那么新年的小日子也就没有了奔头，新的一年将一穷到底。其次，摆饺子也有规矩，要横竖成行，这样新的一年财路才会四通八达，如果兜圈摆，就意味着新年日子走进了死胡同，无财路可寻。最后，午夜煮饺子时，要用杏条做燃料，因为"杏"谐音"幸"意味新的一年幸福。等到饺子漂起来时，一家之主就会吆喝着"小日子起来了吗？"

满族也有元宵节挂彩灯和吃元宵的习俗

历史悠久的传统节庆

这个时候，其他的家人就得配合做个吉利的回答："起来了，起来了！"意思是生活好起来了。还有就是，一些饺子里还包个硬币，谁要是吃到这样的饺子，谁就会在新的一年财源滚滚，运气亨通。除夕这一天，晚辈要向长辈叩头拜年，家长要给小孩守岁钱；第二天，宗族近亲互相拜年，亲朋好友设宴相待；正月初一至初五甚至到十五，人们相聚一堂，扭秧歌、踩高跷，尽情娱乐等习俗，更是人人熟知。

（二）元宵节

元宵节是满汉共俗，但满族的过法也和汉族不同。旧时满族称元宵节为"灯官节"，它有这么一个由来，满族先民居住在白山黑水间，那里有茂密的原始森林，每年逢着气候干燥的冬季，火灾就连连发生，给人们生命财产带来巨的大的灾难。因此，每到火灾多发的季节，人们都通过灯官活动，互相告诫提醒严防火灾，日长月久，就形成了传统民族节日。"灯官节"一般在正月十四到十六举行。所谓"灯官"说的就是节日期间要进行"灯官出巡"的灯官老爷和灯官娘娘。灯官老爷，也叫灯上司，他的一般形象是反

满族过年充满喜庆的气氛

穿皮袄，头戴皮帽，帽上插满松树枝；灯官娘娘（一般由男人装扮）则身着红袄，两耳各夹一个大红椒。他们各乘一台轿子，走村串户，每到一家，都要唱道"灯花哒哒，蜡花长长，严防火灾，告谕各家"。户主要表示已经引起注意，一定加强防火，还要送给灯官内装有五谷或钱币的红包，以示吉祥和酬谢。

"灯官节"，还叫做灯会、灯节，古称"上元节"。节日当天晚上，东北地区的满族城镇，大街小巷，家家悬灯，观灯的人车水马龙，热闹异常，后来发展成灯展、灯市，不仅有张灯、舞灯、赏灯等活动，还可以观赏到各种民族歌舞戏曲，节日气氛非常浓厚。

历史悠久的传统节庆

（三）走百病

正月十六日，满族的妇女有"走百病"的习俗。顾名思义，"走百病"就是节日当天通过到户外走动走动或者到邻居家小坐来摆脱百病。不过有些地方的妇女是通过在冰上打滚（俗称"轱辘冰"）来"走百病"，不仅要打滚还要念词，比较有趣的一首词中唱道："轱辘轱辘冰，不腰疼，不腿疼，轱辘轱辘冰，身上轻一轻。"

（四）添仓节

每年正月二十五，满族就要过"添仓节"了。"添仓"就是添粮食的意思。节日那天，农村的满族家家都要用饭盆装着煮好的黏高粱米饭放在粮食仓库里，饭盆上插一匹用秫秸棍编织的小马，意思是马往家驮粮食。也有的人家用高粱秸做两把锄头插在饭上，总

黏高粱米饭

之都是为了祈求"丰衣足食"。第一天，要新饭，连添三回。这个节至今在东北农村仍保留着。

（五）二月二

每年农历二月初二，俗称"龙抬头日"，这一天满族有"引龙"的习俗。当日早晨，满族人家把灶灰弯弯曲曲地从大门撒到井边，因为灰道弯曲如龙，故称"引龙"，之后举行祭祀活动，都意在祈求风调雨顺。妇女们这天不能做针线活，唯恐伤了龙目。这一天要吃猪头、猪脚，还要吃"龙须面"和"龙鳞饼"。大人孩子都在这一天剪头发，谓之"龙头"。

（六）端午节

又"五月节"，满汉同俗，满族人家都要在这一天在门檐下插上艾蒿，缠五彩

二月二这一天要吃猪头肉

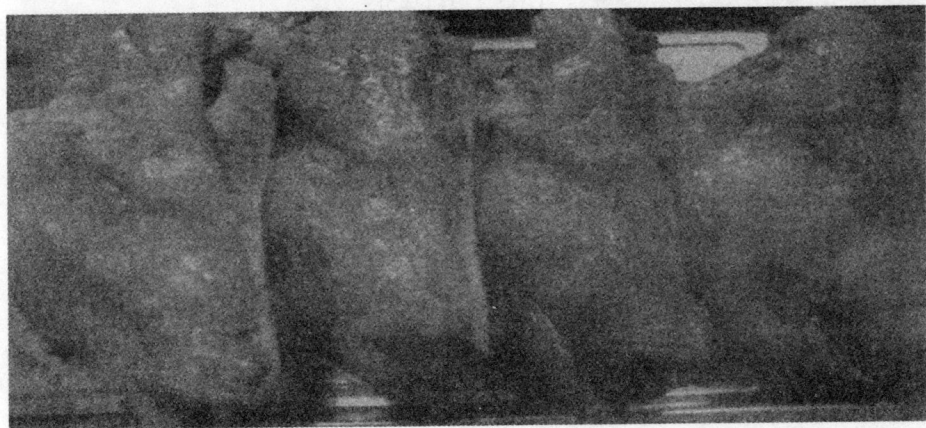

历史悠久的传统节庆

线，还要到野外踏露水，用露水洗眼睛、洗脸和洗头，以防生疮疖、闹眼病。不同的是满族过端午节在门檐下插上艾蒿的习俗另有说法。据说有一年农历五月五日，天帝派一个使臣装扮成卖油郎下凡视察民情。"卖油郎"在大街上边走边吆喝："一葫芦半斤，三葫芦一斤。"大家听了觉得有便宜可占便争前恐后地抢着买。唯独有一个老人非但不买还好心提醒卖油郎算错了账。卖油郎卖完了油便找到那个老人并告诉他说："你是个好心肠的人，五月初五晚上，瘟神要降瘟灾，你在门檐插上艾蒿，就可以躲过这场灾难。"卖油郎一走，老人便挨家逐户地告诉所有的人。于是，五月五日那天，家家户户都在门檐上插上了艾蒿，大家躲过了一场瘟灾。从此，端午节插艾蒿的习俗便传了下来。

（七）开山节

在过去东北满族村落中，在每年秋季中秋以后，大约在农历九月中旬都要面对长白山，进行祝福祷告，感谢山神给予采药人的丰富恩赐，在这一时期采到的人参则要供奉在自家的神龛中，于是形成了满族的特定节日开山节。

艾蒿

（八）颁金节

满语叫做"颁金扎兰"，"颁金"满语的意思是"诞生"，"扎兰"是"喜庆之日"，"颁金节"就是纪念满族命名之日。后金天聪九年十月十三日，清太宗皇太极特别颁布了废除诸申（女真）旧称的命令，将族名定称"满洲"。从此，"满洲"作为正式的民族称谓被固定下来并统一使用。为了纪念满洲民族的诞生，每逢农历十月十三日，全国各地满族人纷纷聚集在一起，穿起旗袍等民族服装，跳起民间传统舞蹈，唱起民间歌曲，还准备奶茶、萨其玛、打糕、金丝糕等食品与大家同享，隆重庆祝自己的节日。这是满族特有的节日。

满族民间舞蹈

（九）腊八节

每年腊月初八，满族家家户户都用黏高粱米、小豆、红枣、粟米、花生米等八种五谷杂粮熬成"腊八粥"，还要泡"腊八醋"和煮"腊八肉"，奉供祖宗神灵后除全家人吃外还要分送亲友。说起腊八节的来源，满族人民是这样说的：古时候，满族有个首领叫做穆昆达，仗势欺人，经

腊八粥

常到各住户家轮流吃饭，不仅如此，如果住户提供的饭不好吃还大发雷霆，部民们非常厌恶他。有一年的腊月初八这天，穆昆达到乌津拉家吃饭，乌津达便想了个法子治他。乌津达用一些高粱米、大小黄米、苞米米查、稗子米、小豆、黑豆等五谷杂粮混合放入锅里熬成一锅黏糊糊的稀粥（乌津拉叫它"腊八粥"）给穆昆达吃。穆昆达一看那乱七八糟的粥，吃也不吃就气愤愤地走了。邻居们听到这件事便纷纷效仿做"腊八粥"给穆昆达吃，气得穆昆达再也不到各家去吃了。后来人们为了纪念乌津拉，每逢腊月初八，都熬"腊八粥"喝，时间长了，便成了满族的一种习俗。这一习俗至今仍在盛行，且是满汉同俗。

满族

四 满族特色的宗教信仰

萨满祭祀

满族主要信奉萨满教和佛教。

萨满教是最古老的多神崇拜的原始宗教，思想上以"万物有灵"为基础，认为万物都是有生命的，有活力的，有灵魂，有神性的。内容上包括自然崇拜、图腾崇拜和祖先崇拜等，具有一定的祭祀仪式。历史上匈奴、乌恒、鲜卑、突厥、契丹、女真、蒙古等北方民族都曾信奉过萨满教。

萨满，是满—通古斯语族各部落对巫师的称呼。从字义上看，萨满在满—通古斯语中有"知晓""礼佛祭祖晓彻"的含义，所以萨满被认为能晓彻神意，是神灵的使者。

　　信仰萨满教是满族的一个重要特色。满族的萨满分为两种，一种是氏族萨满，俗称家萨满，由各宗姓经过族内德高望重的人商定选出，每个氏族只能有一名，由他主持全氏族的各种祭祀活动。这种以家萨满为主要祭祀行为者的祭祀仪式，就称为家祭。家祭中的家萨满不降神附体，俗称"跳白脸"，他跳神的动作有一定规范，像走菱字步，旋迷勒（转圈），原地跳等，还要有腰铃、抓鼓、扎板等道具。满族另

萨满祭祀

一种萨满称为野萨满，也叫"大神"。大神是由神灵附体并得到神灵的神技和特长，以歌舞形式为信仰者医病除灾、预测凶吉，俗称"跳大神"，带有一定的迷信色彩。以大神为主角的跳神仪式就叫做"野祭"，俗称"跳红脸"。野祭祀时，被神附体的大神仿佛进入昏迷状态，据说是在与某个神灵进行沟通，这时候的大神还根据附体的神的不同跳出不同的舞蹈动作，有时候动作很火爆，甚至用上了刀枪、棍棒等道具。

满族萨满平时与族内普通人一样，结婚生子，没有特权，服务也不计较报酬，但是被认为具有沟通天界、人间、地狱三界的能力，所以很受人们尊敬，他们去世后常常举族公葬。

清代满族对萨满教的信仰可分为宫廷和民间两种。宫廷祭祀内有家祭（包括磕头祭和猪祭）、日祭（分朝、夕祭）、背灯祭、月祭、四季献神祭、元旦祭、出征凯旋告祭、杆祭等；民间祭祀有春、夏、秋、冬四时祭，清明、七月中、岁暮的暮祭。春、夏和暮祭为小祭，秋、冬为大祭。

满族萨满教信仰中崇拜的神灵很多，大致上有自然崇拜，动植物崇拜，祖先崇拜。

自然崇拜包括日月星辰、雷雨山河等。动植物崇拜中的动物神(俗称野神)有虎、狼、水獭、蛇、鹰、喜鹊、乌鸦等。其中,据说鹰神与萨满有着某种渊源关系,据神谕中载,女萨满就是由鹰的魂魄化成的。还有满族人以鸦为"神",把它供为神鸟、圣鸦。祭祀时要把杀下的猪锁骨挂在神竿上让乌鸦吃,以示祭祀乌鸦。其他则多为氏族部落守护神。植物神灵常见的有柳、柞、榆、桦等,满族的神话中柳生育了万物,因此以柳崇拜最为重要。祖先崇拜因满族以西为贵,一般满族家庭皆于西屋西炕墙高处置一木架,叫祖宗板,上供一木匣,

萨满祭祀和鹰舞

满族特色的宗教信仰

051

萨满祭祀

装有家谱和神书，神偶，祭规。这便是专门拜祭祖先的地方，供祖宗板反映了满族的祖先崇拜观念。

除了萨满教，满族还信仰佛教。由于历史的原因，蒙古族在清朝的地位仅次于满族，且满蒙允许通婚。因此，蒙古族信仰的藏传佛教（喇嘛教）很快传入满族中。另外汉传佛教对满族也发生了影响。不同的是，满族信仰佛教但很少有人出家为僧，信徒多居家念佛。供奉如来佛、观世音菩萨等佛教神祇，并常到佛教寺院中礼佛烧香，还愿换锁。

满族有些地方还供奉"锁头妈妈"。"锁头妈妈"实际就是用麻线拴着的一支箭，平时挂在门头，保佑一家平安。

五 诸多讲究的人生礼仪

满族礼仪

（一）日常之礼

满族是一个十分重视礼仪的民族，清代至民国前期，满族人见面或拜见客人，要行各种礼节。男人行礼常用打千礼、抱见礼、磕头礼。打千礼用于晚辈对长辈、下属对长官，行礼时弹下箭袖，左膝前屈，右腿微弯，左手放在左膝上，右手下垂，并问安。抱见礼是平辈之间用，晚辈对长辈也可用，不过晚辈要抱长辈的腰，长辈抚晚辈的背。磕头礼，顾名思义，即以磕头为礼。妇女常用抚鬓礼、拉手礼、半蹲礼。行半蹲礼时，女人双手扶膝下蹲，俗称"蹲安"。满族的日常礼节里最能体现"尊老敬上"的美德。

满族人无论是皇族官宦，还是平民百姓，都把尊老敬上视为美德，视为家规族法的重要内容。平日，同居的晚辈人每天早晚都要给老人请安。年轻人外出归来，要先向父母请安，然后才能干别的事。在路途中相遇时，小辈须垂立路旁，让长辈先走。在屋中，晚辈只能坐于长辈旁，长辈说话，非得允许，不得插言，长辈的教诲要洗耳恭听，不能顶撞。平日当长者在座，儿孙都不能与之并肩同坐，而在一旁垂手站立。吃饭时，要长辈先坐、先吃，晚辈才能坐，才能动筷子。食毕，

满族民居内景

长者先放下筷子，晚辈才能够离席。如果饭间晚辈有事外出，一定要先叩问长者，得到恩准后方可动身。

满族媳妇对公婆的礼节更是严谨。媳妇每天早起要先给公婆装烟、倒水，然后再到厨房做饭。吃饭时讲究长幼次序，儿媳不能与公婆同桌。儿媳将盛好的饭菜双手奉上桌之后，退至房门外，方可转身离去。

（二）生儿之礼

满族有句俗话说"养活孩子吊起来"，

诸多讲究的人生礼仪

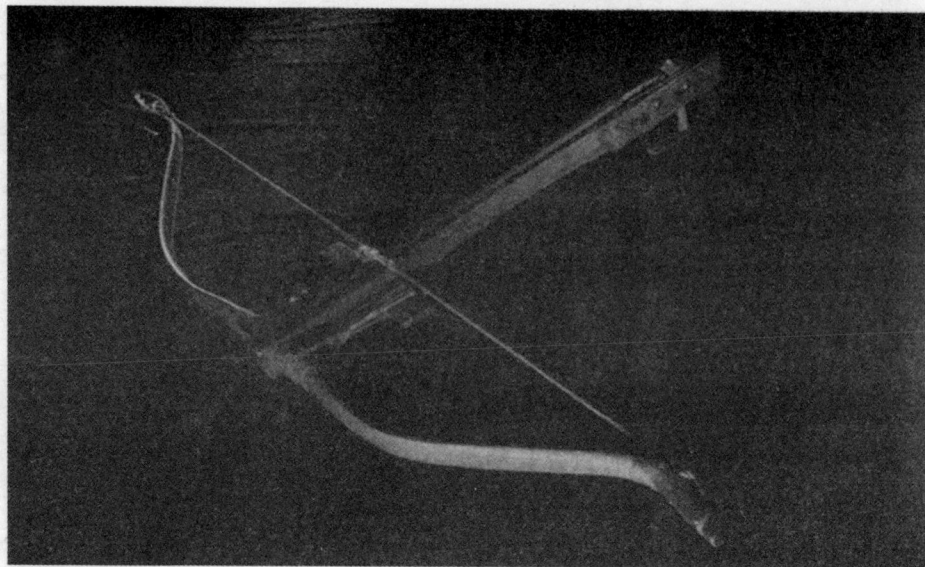
满族弓箭

足可见他们育儿习俗的特殊。过去在炕上生活的满族人家，在孩子出生时，要把炕席掀起并铺上干草，把孩子生在草上，因此生孩子又俗称为"落草"。孩子出生后，是男孩儿就在门左挂弓箭，希望其长大后成为一名好箭手，是女孩儿则在门右挂彩色布条，表示吉祥。孩子出生后第三天，亲朋送贺礼，俗称"下奶"，这时还要举行洗礼，也叫"洗三"。某些地区还"洗三"时要边洗边唱"洗三"歌谣。歌谣的内容一般展现的都是对孩子未来健康、前途的展望。比如现在民间还流传这样一支"洗三"歌谣："洗洗头，做王侯；洗洗腰，一辈倒比一辈高；洗脸蛋，做知县；洗洗沟，做知州。"这支歌谣就充分表达了

一位母亲对孩子长大后建功立业的愿望。孩子满月时，要请客人来"做满月"，并将弓箭或布条取下挂在"子孙绳"上，还要上悠车，俗称"吊起来"。这种习俗源于狩猎时代，当时满族先祖居住在野兽经常出没的山林中，为保证婴儿安全和使大人能腾出手来做其他事情，经常把尚不会走路的孩子放在船型的兽皮兜袋里，两端用皮绳绑在两棵大树之间，后来的悠车即由此演变而来，相当于我们所说的"摇篮"。有摇篮，就会有摇篮曲。满族关于悠车的摇篮曲也是别具民族特色。现在我们在民间还能经常听到人们唱："悠啊悠，悠啊悠，小小悠车像龙舟，讷（满语"妈"）悠娇儿舟上坐，如同驾云天上游。先游那五大洲，后游盛京上龙楼。见着罕王英明主，先喊万岁后叩头。皇上见了心欢喜，一定封你做王侯。我儿得官来拜祖，别忘讷讷把车悠。"孩子百日时，还要用从各家要来彩布条编成锁，称挂锁。周岁时要举行较为隆重的仪式，让孩子"抓周"，据说抓着什么，以后孩子就擅长什么。至今在东北满族聚居区仍然保留"下奶""洗三""做满月""抓周"等传统习俗。

（三）婚嫁礼仪

以前，满族婚姻有四大禁忌：不与汉人通婚（不包括汉军旗人）；同姓不准通婚；

嫁格格

满族

行辈不一不准通婚；不准童婚。民间还有禁忌两姨或姑舅结亲，说是"姑做婆，刀尖磨，姨做婆，到老不合"。满族民间还有娶"大媳妇"的习俗，即女方比男方年龄大为好，一般认为相差三岁最为相宜，有"女大三，抱金砖"的说法。如果了解当时的社会就不难理解了这种风俗。清朝初年，战事频繁，八旗十六岁以上的男子大都要去当兵。娶年龄大的媳妇可以帮助老人操持家务，又能及早生育，传宗接代，后来便日久成俗。当然，现在满族婚姻自由了，那些旧习俗已经渐渐淡出，但婚姻的主要程序则保留了下来。

婚房

旧式的满族婚姻里，双方同意后就开始"认亲"，即男方父母就领着儿子到女方家，拜见女方父母及长辈。之后，选择吉日，媒人领着男方父母、儿子到女方家，送首饰、布匹、猪肉等物，女方设盛宴款待，席间双方父母互换酒盅对饮，称为"换盅"，表示正式结为亲家，并商定彩礼数量品种及大致婚期。定下婚期后，结婚前还要"过礼"，男方要按商定之数给女方家送布匹、猪肉、酒、钱等。这一天还要请人在布上动剪子(裁衣服)，俗称"开剪"。

抬花轿

结婚这一天，娶亲车回婆家后，燃放鞭炮，新娘由哥哥或叔叔抱下车。这时新郎要用无箭的弓箭朝新娘虚射三箭。新郎、新娘拜完天地后。新郎用秤杆挑盖头，杆揭盖头取"称心如意""步步（布）高升"的意思。之后满族有个"坐帐"的习俗，"坐帐"就是新娘子坐在炕上一动不动。据说清初许多八旗兵由于忙于在各地征战，结婚仪式也往往在军营中匆匆举行。新郎因军务经常不能按时归来，新娘只好坐在营帐中等候，相沿而成"坐帐"习俗。今天，"坐帐"时往往在新娘坐帐的褥子下放一把斧子，取谐音"坐福"，而且认为坐的时间越长婚后越幸福。坐帐即将结束时由女方的"送亲太太"等年龄较大的妇女，用丝线绞去新娘脸上的汗毛，再用鸡蛋滚压绞过部位，使之平润光滑，俗称"开脸"，还要把新娘的头发梳成已婚妇女的发式。晚上，新郎和新娘要吃长寿面和子孙饽饽，以示多儿多女和白头偕老之意。第三天新婚夫妇回到女方家，行回马礼，称为回礼。现在满族的婚姻习俗随居住地区各有所异，并都对繁琐的程序进行了简化，但主要程序大致相同。

一对新人

（四）丧葬礼仪

入关前，由于经常要迁移，满族以火葬为主。另外，清初八旗将士战死较多，尸骨不便送回故里，所以也多用火葬。入关后逐渐发生变化，转变为以土葬为主。满族一般不准在西炕和北炕死人。死者不分男女皆穿长袍。男的戴帽头、系腰带。女的倒梳髻，系包头。男女口中均含口钱，手攥小饽饽。尸体停在铺板上，头朝里，脚朝外。尸前、灵前供"倒头鸡""长明灯"和其他食品。死者家属不分男女皆穿长衫。入殓前，用酒擦洗死者面目，名曰"开光"，还要拿出死者嘴里含的口钱，并将尸体从窗户抬出，因为门是活人出入的地方。棺

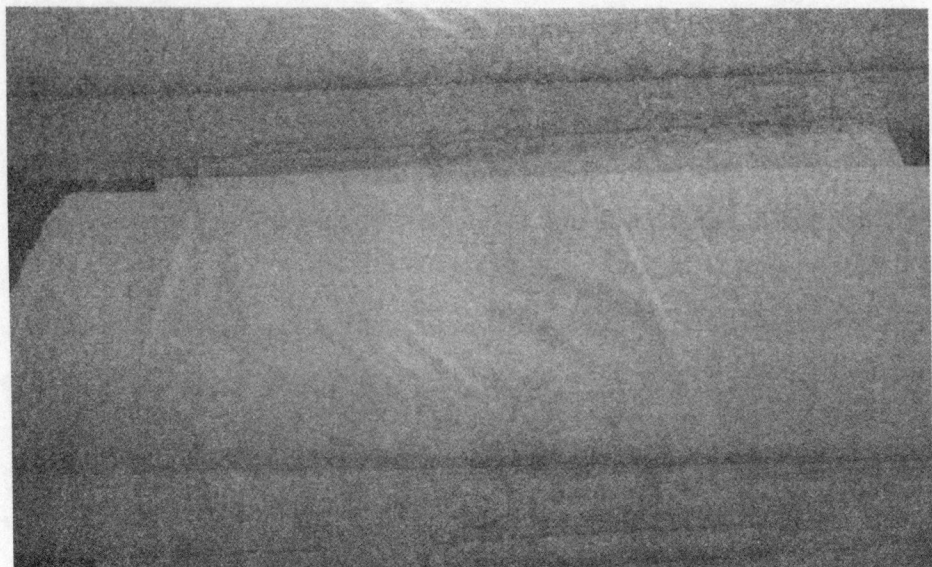

白布

底要垫上灰炭细面，上面摆上制钱七文，像七星形。院内要立高杆，上挂红布大幡。棺材是上窄下宽，比较高大，外面画上花等图案，里边糊纸。出殡要选择单日而忌讳双日出殡。送葬的前一晚，要行辞灵礼，亲友逐个到灵前祭悼，儿子彻夜跪在灵前烧香。出殡时用白布系住棺材，主丧的（一般是儿子）抬在前杠，亲友抬着送到墓地。出殡时，亲友要抢幡上的布给自己的孩子做衣服，认为这样可以避邪。葬毕要用酒宴答谢客人。在死者葬后第三天，死者家属要到坟前祭祀一次，称为"圆坟"。每逢一七（第一个七天）、二七、三七、五七、七七都要到坟前烧纸祭祀。男人死后九天（女人七天）要在家里举行出

魂仪式，即在死者生前常睡觉的地方铺上
褥子，旁边摆上小桌子，供上酒盅、酒壶，
家属哭悼。百日时要烧百日、脱孝换素服，
周年时要烧周年。清明节要上坟、烧口袋
和插佛陀。近三十年来，满族的丧葬又改
为火葬为主。但祭奠亲人的仪式仍然保留
了许多古老传统，如清明节烧口袋、插佛
陀、烧七、烧百日、烧周年等，都依然如故。

（六）生活禁忌：

满族的禁忌很多，常见的有：

正室西炕不准服丧者；不准吃狗肉、
穿狗皮者和妇女坐。

闰月年份，不能盖正房，盖房上梁要

庭院一角

满族爱狗心理是在长期狩猎中形成的

选吉日。

死人不能双日子埋。未出嫁的姑娘、没生子女的媳妇，以及砸死、枪打死等非正常死亡者，都不能埋在祖坟地。

孕妇死后要火葬。丧事忌红、白色，喜事忌黑、黄色等。

小孩生天花时设"忌门"，门口挂草把，草把底部绑红布条。雨后不能让小孩指点彩虹，否则烂手指头。小孩不能站在门槛上，认为会不长个儿。

满族禁食狗肉，禁带狗皮帽、穿狗皮衣，满族人不仅忌食乌鸦之肉，还有饲喂乌鸦、祭祀乌鸦之俗。

满族禁忌中最为众所周知的恐怕要数

对狗的禁忌了。满族禁食狗肉，但要问为什么，恐怕就少有人能说清楚了。这得从一个小名叫小罕的人说起。相传在明朝万历年间，占卜术士预言东北将出现脚踏七星的混龙。于是，朝廷上下慌成一团，密令辽东总兵李成梁捉拿"混龙"。小罕就是这个总兵的下人。在一次洗脚的时候，小罕无意中被发现脚下长着七颗红痣，因而被认定为"混龙"被囚禁了起来。出身贫寒的总兵小妾喜兰不忍小罕受害，于是送其骏马和出城令箭帮助其出了城。不料小罕还是被李总兵发觉并一路追杀而来。小罕被追得紧，慌忙之下钻进了苇丛，岂料明军搜寻不见便放火烧苇。就在这个生死攸关的时刻，跟随小罕多年的大黄狗跳进水里，弄湿全身，在小罕身旁打滚熄灭了火，最后小罕得救了而黄狗却死了。这时不放心的明兵又前来搜查，一群乌鸦铺天盖地落在小罕身上伪装成叼啄死尸的假象，追兵信以为真，于是就撤退了，小罕得救了。这个"小罕"可不是一个普通人，他就是满族心中尊敬万分的开国之王——努尔哈赤。后来，努尔哈赤吩咐族人说"山中有的是野兽，尽可以打来吃，但是，今

努尔哈赤像

满族禁食狗肉

后不准再吃狗肉、穿戴狗皮，狗死了要把它埋葬了，因为狗通人性，能救主，是义犬。"就这样，满族人们禁食狗肉、乌鸦。即使没有这个传说，满族人爱狗、护狗的行为也十分合理。在古代长期的渔猎生活中，狗是满族先人最忠实的助手，对人们的生活起到过重要的作用，满族爱狗心理是长期在狩猎中形成的，后来人们不忍心杀食其肉，才逐渐形成了忌食狗肉的习俗。不管怎样，到满族人家做客可要当心了，戴狗皮帽、穿狗皮衣，表现出厌恶狗的人绝对是不受欢迎的。

六 数不胜数的满族姓氏

满语称姓氏为"哈拉"，与汉族人姓名连称和多以单音字称姓氏的习惯不同，满族人一般只称名不道姓，而且满族的姓氏可分为多音节姓氏和单音节姓氏，例如纳兰、爱新觉罗等都是多音节的姓，但现在改为了单个的汉字姓。例如人们熟悉的有满族八大姓：佟佳氏、瓜尔佳氏、马佳氏、索绰罗氏、齐佳氏、富察氏、纳喇氏、钮祜禄氏，俗呼"满洲八大姓"。后来都分别冠以汉字姓为：佟、关、马、索、齐、富、那、郎。

满族的姓氏和她的历史一样悠久，而且多不胜数。《皇朝通志》就曾记载满族有675个姓氏。满族多以部落和所居住的地理

皇朝通志

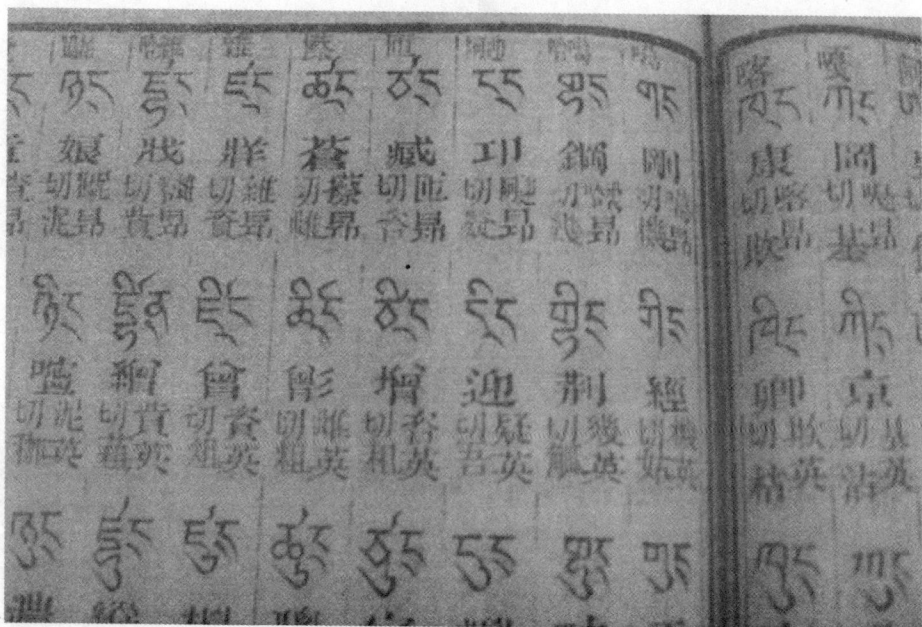

满族

环境特征为其姓氏，另有一部分姓氏则是汉姓、蒙古族姓等。因为满族在某种意义上说是几个民族形成的共同体，八旗中除纯正的满族人外，还包括部分汉人、蒙古族人、回族人等，所以姓氏除纯女真人的后裔的姓外，还有汉姓、蒙古族姓等。满族入关后由于受汉族文化的影响，改易原来的多音节姓氏，而冠以汉字姓变为单字。冠以汉字姓氏，不是随便进行，常见的有取原姓氏的第一个音节为姓，如原姓赫舍

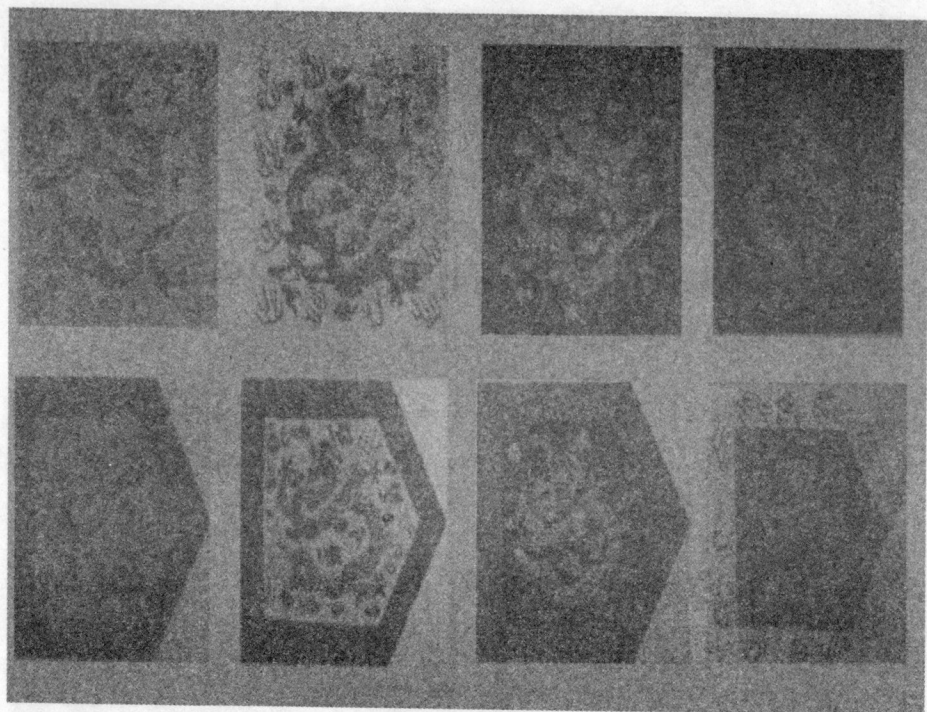

满族八旗

清代皇帝以"爱新觉罗"为姓

满族

里氏改姓赫、何，佟佳氏改姓佟，马佳氏改姓马；有的取译音谐音为姓，如他塔拉切音为唐；栋鄂氏切音为董。有的取译意之音为姓，如易察汉译意为羊，谐音"杨"姓。也有的取译意为姓，如爱新译意为金，就以金为其姓。

七 峥嵘坎坷的民族历史

努尔哈赤雕像

　　严格地说，可考的满族的历史只有四百年左右，但满族祖先的历史却源远流长。据说早在传说中的舜禹时代，满族的祖先就与中原建立联系，在此后的各朝各代的典籍也都可见对满族祖先的记载。满族的祖先在相当长的一段时间里，常年驰骋在白山黑水间的莽莽林海里上打飞鸟，下打走兽，过着狩猎捕鱼的生活。由于文字的原因以及其他原因，典籍上对之记载非常少，后来伴随着本民族文字的产生，并向关内中原发起了进攻，满族祖先才有了风起云涌的可考的历史。就在这段历史的风云里，满族祖先曾建立过几个比较有影响的政权，如渤海政权、金国政权、后金政权（后改为大清政权）。这几个政权时期是构成满族祖先历史的重要时期。

　　隋唐时，满族的祖先肃慎族系被改称为靺鞨。刚开始的时候，靺鞨拥有数十个部落，后发展为七部，其中黑水靺鞨、粟末靺鞨两部最为强大，而两部中又以粟末水（今松花江）流域的粟末部最为强盛。乞乞仲象是粟末靺鞨中的一个部落首领，曾归附高丽，大祚荣是他的儿子。唐朝廷灭掉了高句丽后，乞乞仲象大祚荣父子和他们的部众迁居到了营州（今辽宁省朝阳），并在那里生活了三十多年。这期间他们同汉人接触，深受汉文化的影响。后契丹人举兵反唐，拉开了东北战事。于是，大祚荣父子与当时靺鞨酋长乞四比羽及部分高句丽人又东渡辽水（今辽河），驻扎于太白山（即吉林长白山）东北。

神功元年六月，唐打败契丹后，武则天想通过册封乞四比羽为许国公和册封乞乞仲象为震国公分化他们。乞四比羽不愿受命，于是武则天派兵进击。那时，乞乞仲象已经去世，他的儿子大祚荣作为部落领袖，带领部落逃走。唐军紧追不舍。圣历元年，大祚荣率众到达靺鞨故地，也就是今吉林敦化东北和今牡丹江上游一带建

清代皇帝陵

峥嵘坎坷的民族历史

清朝雍正皇帝画像

立了震国，大祚荣自立为王。震国，是满族的祖先在我国历史上建立的第一个政权。700 年（圣历三年），骁勇善战的大祚荣，在天门岭设伏打败了追赶的唐军。唐开元元年，大祚荣受唐朝的册封为渤海郡王，后追授予忽汗州都督，于是震国改称渤海国，成为唐朝的属国。

渤海国存在了 229 年，这期间，渤海国辖域渐渐扩大，自称方圆"五千里"，人口也由初期的数十万发展到了三百多万，被中原誉为"海东盛国"。渤海国不仅在经济上与唐密切联系，文化上也积极向汉文化学习，并把儒家思想作为渤海社会的统治思想，由此创造了鼎盛的渤海文化。渤海国虽然在文化上取得了一定的成就，但军事训练上日渐废弛，最终在辽天赞四年被契丹所灭。

金国是"生女真"完颜部首领阿骨打建立的，是中国历史上以女真为主体建立的王朝，先建都会宁府，后迁都燕京（今北京）。

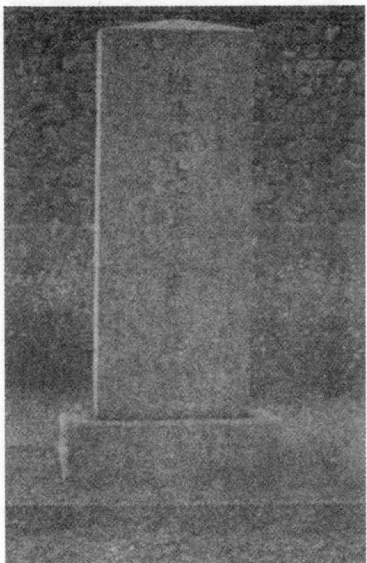
渤海国遗址

北宋时期，中国处于几个国家分立的状态，南有大理，西南有吐蕃，西北有夏，北方先有辽国（后被金灭掉）。辽国是契丹族建立的政权，它建立后灭掉了"渤海国"并在渤海国的旧址上把女真分为生女真和熟女真进行统治。辽朝统治下的女真人经常受到剥削和迫害。据历史记载，女真的故地有一种类似鹰的鸟名海东青，数量少且不易捕捉。偏偏辽皇帝酷爱海东青，每年冬天都要逼迫女真族猎取，由于海东青数量少而大家又必须有所捕获以交差，所以常常发生女真人互相厮杀事件，女真

峥嵘坎坷的民族历史

人不堪其苦。所以后来，生女真完颜部的首领完颜阿骨打起兵反辽时，得到了女真人积极的拥护。

金国刚建立初期，力量非常弱小，与强大的辽国为敌简直是以卵击石。被女真族尊为杰出首领的完颜阿骨打，具有杰出的军事领导才能，据说他从小酷爱骑射，力大过人。正是在这样一个卓越首领的领导下，女真族打了几场以少胜多的仗，最后将辽国灭掉了。

辽天庆四年，身为辽国节度使的完颜阿骨打，正式向辽宣战。完颜阿骨打起兵后，辽国集结十万人准备消灭驻扎在出河店的女

清西陵是清朝帝王两大陵寝之一

满族

真兵，当时女真兵只有三千七百人，两军力量悬殊。面对数量众多的敌人，完颜阿骨打决定采用奇袭的办法。出发前，完颜阿骨打为了鼓舞士气，就编了一个女真人最相信的萨满教梦卜故事。他说："我刚躺下，就有人摇我的头，如此一连三次，于是我得到了神的暗示，他说我们连夜出兵，必能大获全胜，否则定有灭顶之灾。"听了他的话，士兵士气顿长，三千多铁骑利用风大沙尘满天的天时，以迅猛之势将辽兵打了个措手不及，不知虚实的辽兵顿时溃败。出河店大捷之后，各路女真兵纷

清皇帝陵墓

峥嵘坎坷的民族历史

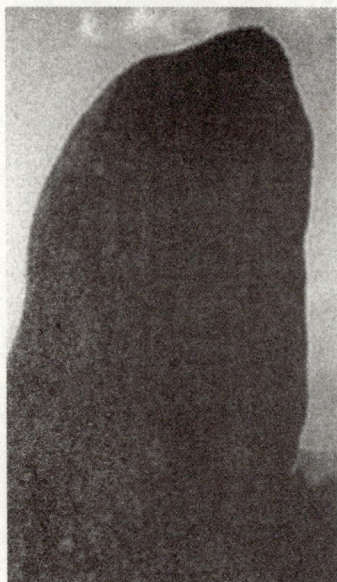
出河店战役遗址

纷归服，女真兵力已经超万。出河店战役由此成为中国战争史上以少胜多的典型战例之一。

辽天庆五年，完颜阿骨打称帝建国，国号大金。建国后，完颜阿骨打率兵直捣辽朝重要的国库——黄龙府，掐断辽国的经济命脉。黄龙府失守后，辽天祚帝几乎倾其全部兵力汇集七十万大军，企图一举消灭刚刚建立的金国。当时金太祖只有两万人，双方力量悬殊。辽兵虽数量多但多是乌合之众，不成力量，因此，完颜阿骨打决定冒险主动出击。正当两军激战的时候，辽朝内部出现政治纷争，有人趁机另立政权，天祚帝不得不放下与金军的战事，班军回朝自救。完颜阿骨打抓住良机，紧追猛打，最终打败辽军。从此，大辽国一蹶不振，很快就走向了灭亡。

金灭辽后，又南下灭掉了北宋。此后，金又企图灭掉南宋，但多次交战终不分胜负，自此以后，它与南宋、西夏并立，分掌中国统治权达一百余年，成为中国历史上的一个王朝。南宋理宗端平元年，蒙古又灭掉金朝的女真政权建立了元朝。

金国是女真族第二次建立的政权，其势力已深入中原占据半壁河山。至于后来金国被蒙古灭亡，与它的残暴统治不无关系。金国统治者建立政权后为了维护统治曾采取过残暴的统治，南下灭宋时曾大量屠杀汉民。此外，为了压制蒙古，经常以"灭丁"办法赶尽杀绝，与蒙古结下不共戴天的仇恨。同时，金朝统治者内部争权夺利，纷争四起，老百姓怨声四起。

金国对中华的历史在一定程度上作出了贡献。金国时期，中国北方得到了进一步的开发；不少沦为金国奴隶的汉族和契丹族人融入了女真族，某种意义上促进了民族融合；金国创造了自己的女真文字，同时学习辽宋的文化制度。包括金皇帝室在内，女真人都接受了孔孟的儒家思想，绝大部分女真通晓汉文汉语，对保存和传承中华民族文化也有积极的作用。

蒙古灭金后，建立了元朝。元代统治者将全国人分为四大类：蒙古人、色目人、汉人、南人。将汉化的女真人和契丹人、南宋境外的汉人统称汉人。对留居黑龙江流域的女真人，则恢复了女真人旧称，这些女真人是在金代最落后的部分，到了元代统归水达达路管辖，水达达路归辽阳行中书省管辖。

契丹文字

峥嵘坎坷的民族历史

明代时，东北地区的女真人，依地区分为建州女真、海西女真、野人女真三大部。明王朝后期政治腐败，边防松弛，建州女真趁机扩大势力，开始强大起来，它的领袖是爱新觉罗·努尔哈赤。

爱新觉罗·努尔哈赤是建州女真部首领猛哥帖木儿的六世孙。努尔哈赤是他的名，爱新觉罗是他的姓。努尔哈赤，按照满文的意思是"野猪皮"，据说努尔哈赤的父母希望自己的大儿子长成人后，能像森林中的野猪一样勇猛，所以为他取了这个名字。"爱新"在满语是"金"的意思，"觉罗"为姓的意

清太祖努尔哈赤像

满族

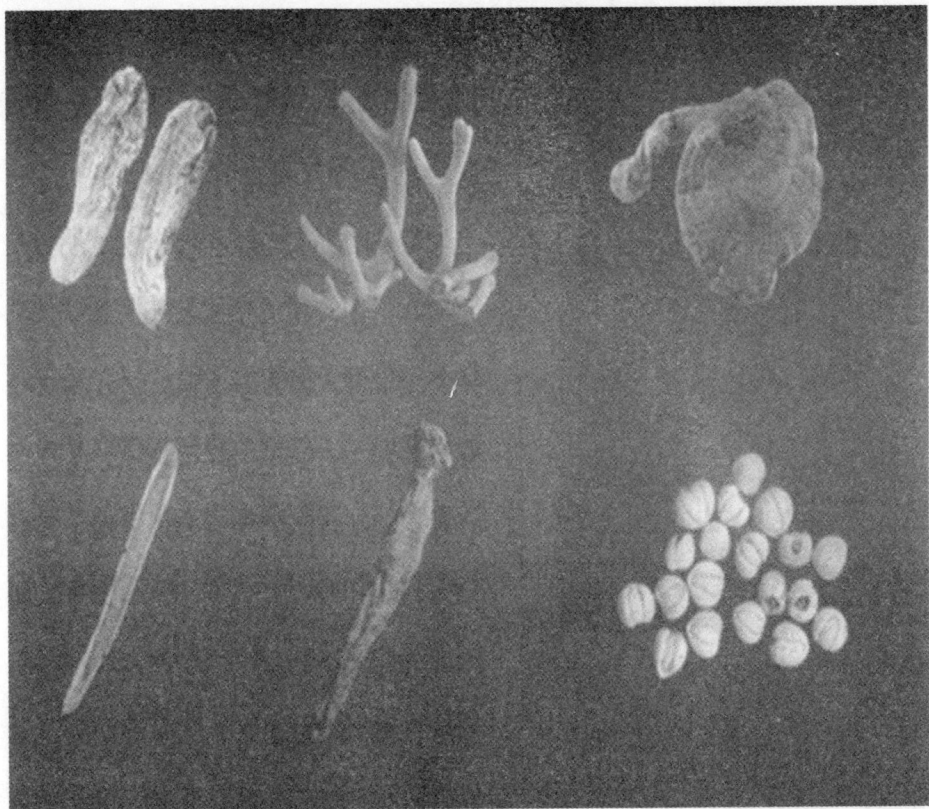

思。相传"爱新觉罗"这一姓是天女佛库
伦吞红果怀孕生下布库里雍顺的时候赐予
的。努尔哈赤 10 岁的时候生母就病逝了，
继母对他非常不好，所以 19 岁他就被迫
分居自立，到莽莽林海里打猎、挖人参、
采松子、拾蘑菇，然后把这些山货带到抚
顺去卖掉，挣钱过活。抚顺的集市上常常
有女真人用山货跟汉人交换铁器、粮食、
盐和纺织品。努尔哈赤在那里接触了很多
汉人，学会了汉文，他还熟读了《三国演义》

峥嵘坎坷的民族历史

建州女真遗址

《水浒》等汉族文化典籍。早期的艰难生活造就了一个胸怀大志、勤奋好学,精通满、汗、蒙语三语,智勇谋双、坚忍不拔的努尔哈赤。

努尔哈赤25岁那年,也就是明万历十一年,他的祖父和父亲被明朝扶植的势力尼堪外兰杀害。悲愤的努尔哈赤不敢得罪明军,就把一股怨恨撒在尼堪外兰身上。他跑到明朝官吏那里说:"杀我的祖父、父亲是尼堪外兰,只要你们把尼堪外兰交给我,我也就甘心了。"但是,明朝官吏只把他祖父、父亲的遗体交还他,不肯交出尼堪外兰。于是,努尔哈赤翻出了他父亲留下的十三副盔甲,分发给他手下兵士,召集部人起兵,杀掉了尼堪外兰。

努尔哈赤灭了尼堪外兰后,声势越来越大。过了几年,他就统一了建州女真。这就引起海西女真和野人女真的恐慌。海西女真中有个叶赫部最强。叶赫部联合了女真、蒙古等九个部落,结成联盟,合兵三万,分三路进攻努尔哈赤。努尔哈赤听到九部联军来攻,就在敌军来路上占据险要地形设置了埋伏。当九部联军到了古勒山时,努尔哈赤就命令士兵先把他们的两个头目杀掉,使联军群龙无首,自乱阵脚。这样一来,九部联军没有统一指挥，四散逃窜，努尔哈赤乘胜追击，击败了叶赫部。此后，努尔哈赤的才能与毅力，使他在东征西战中节节胜出。明万历十七年，努尔哈赤统一了女真各部。 为了麻痹明朝，努尔哈赤继续向明朝朝贡称臣。公元 1616 年，努尔哈赤认为时机成熟，就在八旗贵族拥护下，在赫图阿拉即位称汗，国号大金。为了跟过去的金朝区别，历史上把它称为后金。后金是满族祖先建立的第三个政权。

努尔哈赤对历史作出了突出的贡献，他统一女真各部，促成了东北地区的统一，促进满族形成。此外，他还制定了满族文字，保留了满族特有的文化和丰富了中华民族的文化宝库。

明朝末年的时候，努尔哈赤建立后金政权后展开了对明朝的攻击。不久努尔哈赤死后，其子皇太极继位。皇太极是努尔哈赤的第八子，从小就智勇双全、聪明能干。继位后，他一方面通过一系列改革增强了后金政权的力量，另一方面消除了朝鲜和蒙古的威胁，控制了整个辽西走廊，这为清军入关扫清了道路。天聪十年，皇太极在盛京大政殿举行了称帝仪式，建国

清太宗皇太极

峥嵘坎坷的民族历史

多尔衮像

号大清，改元"崇德"。关于为什么取"大清"为国号的问题，人们众说纷纭。有人认为，废金改大清，主要是历史上女真族建立的金国长期与宋国对立，金兵南下时大肆屠杀汉人，与汉民积怨甚深，如仍以金为国名，容易激起汉族人民的民族仇恨，因而取名"清"。又说皇太极为表其统一天下的雄心壮志，所以改为"大清"。这个是目前比较为人所认同的观点，但也有人认为满族信奉萨满教，而萨满教崇尚青色，故以清（青）命名；有人则从五行说出发，认为明为火，清为水，以水克火，清必代明；也有人认为"金"与"清"两字在满语中的发音没有差异，所以"清"就是"金"。"大清"的国号是皇太极确立的，但是清朝并没有就此正式建立。皇太极死后，多尔衮拥立幼侄福临继位，但军政大权掌握在他手上。多尔衮是努尔哈赤的十四子，谋略过人，能征善战，是后金的主要统帅之一。顺治元年，多尔衮利用农民军推翻明朝统治的有利时机，在吴三桂的接应下，率军大举入关。随后，皇太极第九子顺治帝入主中原，定鼎燕京，中国历史上最后一个封建王朝——清朝才正式建立。清朝建立后，创造了一段为后世人们所称颂认可的历史。

满族

八 灿烂辉煌的文化艺术

自清代入关前后，满族在文学和艺术方面创造了丰富灿烂的文化艺术。

（一）文学艺术

早期的满文著作《满文老档》《满洲实录》《异域录》以及大量的其他满文著作等，保留了大量的满族文化。还有各种译书，比如编纂成五种不同民族文字的满文辞书《御制五体清文鉴》还有《三国演义》《金瓶梅》《西厢记》等满文译本，促进了民族间的文化交流。康熙年间编修的《音韵阐微》《数理精蕴》《历象考成》《皇舆全览图》有重要的

满族人能歌善舞

满族

传统节日里人们踩起高跷

科学价值。乾隆帝主持编修的《四库全书》是中国文化的集大成者。另外，满族还涌现出了一大批优秀的满族文学家。

在八旗词人中有"男中成容若，女中太清春（顾太清名春）"说法。容若即纳兰性德，容若是他的字，满族正黄旗人。纳兰性德，是大学士明珠长子，从小就非常聪明，有过目不忘之功，不仅如此，他还继承了满族人习武的传统，精于骑射，20岁时被选为康熙一等侍卫，经常跟随康熙出巡。纳兰性德在音乐、书法、绘画方面都有造诣，但是最出名是他的词。他的

灿烂辉煌的文化艺术

纳兰性德像

词作《纳兰词》，在清代乃至现代都产生过相当大的影响，被王国维称为"北宋之后第一人"。纳兰性德的词艺术风格上以"真"字取胜，深婉凄美，具有南唐后主的遗风。纳兰性德不仅词"真"，为人更"真"，他对妻子卢氏一往情深，卢氏死后他作词悼念，词中透出悠悠的思妻之情，令人读后不禁泪落。纳兰性德对朋友亦是不拘小节，一片真情意，颇得友人的赞赏。可惜天妒英才，刚到而立之年，纳兰性德便去世了。太清指女词人顾太清，春是她的名，她也是因为写词声名远播。

（二）舞蹈艺术

满族歌舞独具特色。满族称舞蹈为"玛克辛"，清代常音译为"莽式"或"蟒势"。满族歌舞初始分为喜庆宴会间表演的舞蹈和家庭祭祀中的萨满舞蹈两大类，后来逐渐演变为具备浓郁民族风情的扭秧歌。"莽式"舞早期比较简单，主要形式是举一手于额，反一袖于背，盘旋作势，众人以唱"空齐"配合，谓之"空齐曲"。这种舞蹈在乾隆以后在清宫大宴中演出时，被称为庆隆舞中的"喜跳舞"。后来在莽式舞

满族舞蹈

婀娜的舞姿

中糅合进了各种动物的动作，变得比较复杂。清初以来，满族秧歌盛行。满族秧歌是吸取了汉族秧歌的形式并融入本民族的"莽式"中的一些表演方式和作战、狩猎以及生活中的一些礼俗而逐渐形成的富于民族特色的舞蹈。满族秧歌形成之后，在群众中广泛流传，年节之际各村都组织秧歌队，成为满族群众娱乐的重要形式。今天，满族秧歌的内容到形式更加丰富，深受满族人民的喜爱。

（三）戏剧艺术

八角鼓

满族戏曲中，有扶余满族戏、宁古塔满

八角鼓

族戏等。"八角鼓戏"，在内蒙古第一届民族民间音乐、舞蹈、戏剧观摩会上，正式命名为满戏。它由满族曲艺八角鼓发展而来。八角鼓形为八边形，蒙蟒皮，其中七个边每边有铜环，另一个边下拴一长穗，可弹、搓、摇，作为唱曲的伴奏乐器。满族先民在骑射渔猎之暇围在篝火旁，边说边唱边舞，并扣击自制八角鼓相和，娱其情志，逐步形成说、唱、舞相结合的艺术形式。清兵入关后，八角鼓和洋琴、琵琶、四弦、锣鼓等配合，吸收诸宫调、杂剧及各地民歌、小曲，形成牌子曲剧。多演唱历史和民间故事。

子弟书

子弟书又称为"八旗子弟书""清音子弟书",是满族民间说唱艺术形式之一。它是在满族民歌、萨满神词、单鼓唱腔的基础上,吸收汉族曲艺的一些因素,在乾隆中后期逐渐形成,盛行于北京和沈阳。民国以后,逐渐融会入北方的一些大鼓曲种之中,对大鼓的形成发展有深刻影响。

（四）民间艺术

剪纸

经考证,满族民间剪纸始于明代。满族剪纸艺术的真正源头,来自满族的原始宗

琵琶

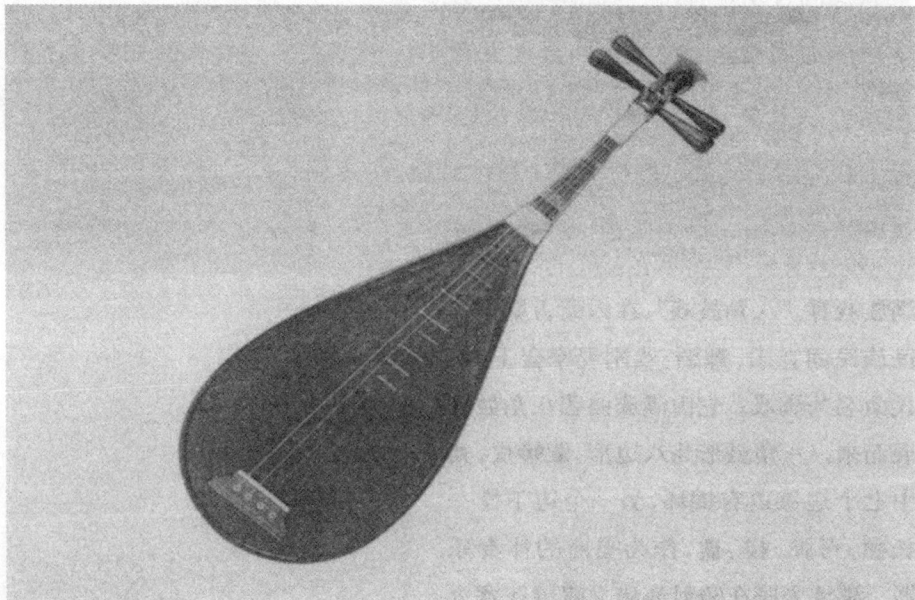

教——萨满教。萨满教崇奉天神、地神、祖先神等，这种神灵崇拜经常用图画来表现，剪纸便是其中一种主要形式。满族的妇女都有一双灵巧的手，逢年过节，那双灵巧的手变魔术般地将彩纸剪成各种团案，云纹字画、鸟兽花卉自然不在话下，更绝的是，她们还能剪出古今人物的样子，而且每一个都是有板有眼，栩栩如生。节日那天，妇女们将这些彩纸或贴在窗户上或贴在门帘上，这样一来，家家户户便都有了喜气洋洋的气氛。还有另外一种剪纸

满族剪纸作品

满族剪纸作品

满族

艺术，那就是挂笺，也成为挂钱。最早的挂笺是祭祖用的，一般是单数，颜色为白色或者黄色。满族祖先崇尚白色，认为白色吉祥、红色凶险，与汉族的色彩习俗正好相反。这种审美观的形成与满族的先人在长白山林海雪原中生活有关，他们在冬天雪野中狩猎、伐木、砍柴，与白雪结下了深厚的感情，因而产生了对白色的崇尚，这就是满族的"色尚白"，所以他们的挂笺多是白色的。现在，挂笺成了一种装饰品。过春节时，家家户户用五色纸剪成挂笺，悬挂于门窗或者室内大梁处，五彩缤

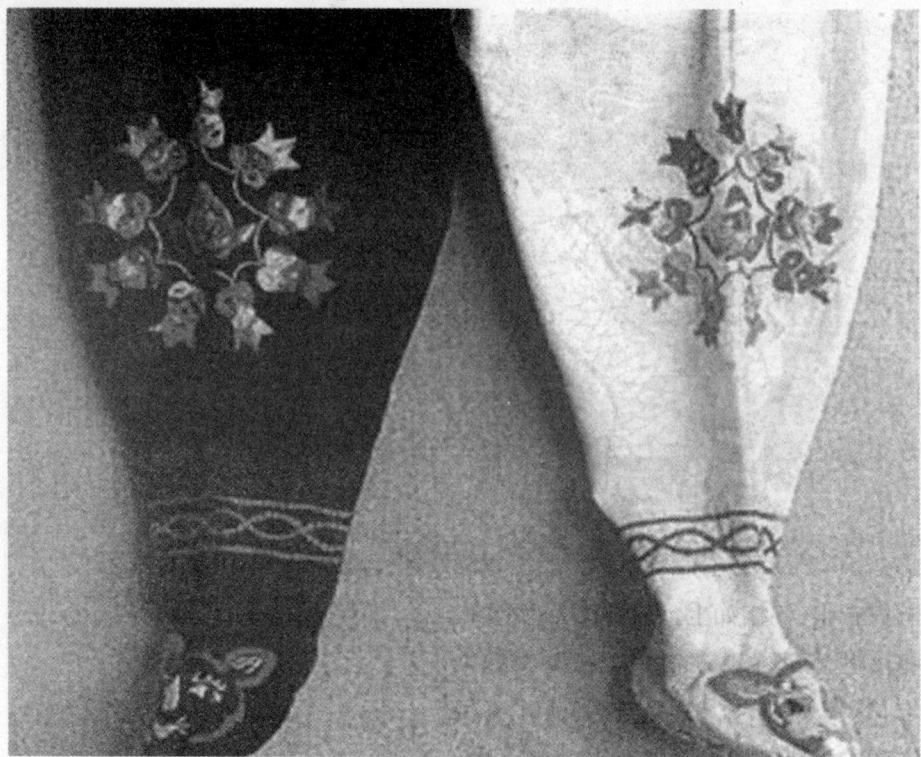

满族民间刺绣

纷，喜气洋洋。

刺绣

满族妇女的巧手还能做各种各样的刺绣。刺绣的图案也是丰富多样，花鸟虫鱼、人物故事、几何图形等等都能被满族妇女的飞针走线绣得有模有样。满族妇女还善于把刺绣用在枕头、幔帘、桌布、门帘、荷包等日常用品上，最漂亮的当数绣在旗袍上的图案，满族妇女一般在衣襟、下摆、袖口处绣成宽边，前后襟则有的绣"万字不到头"的

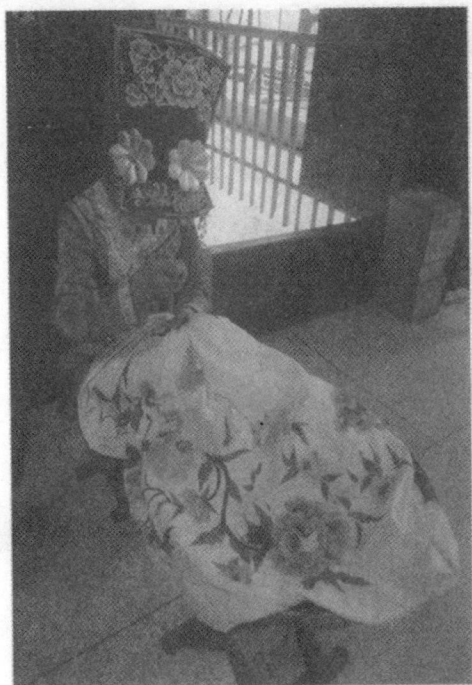

辖羔的制绣图宏

满族宫廷服饰十分精美

连续图案，绣福寿两字，如意云卷、花卉蝴
蝶等，非常精美。总之，在以前在满族的家
庭里，眼睛所及处无不昭显着满族妇女的心
灵手巧。

九 丰富多彩的传统体育

木兰围场风光

（一）打围

满族承袭了其祖先游猎的传统，每逢秋冬之际驻防八旗官多举行围猎，名曰"打围"，它既是生产活动，又是体育运动，更是一种军事训练项目。清康熙帝为锻炼军队，在河北省东北部与内蒙古草原接壤的水草丰美、禽兽繁衍的草原上开辟了一万多平方千米的狩猎场，这便是非常著名的皇家猎苑——木兰围场。每年秋季，这里都举行一次军事色彩浓厚的狩猎活动，史称"木兰秋狝"。

（二）踢形头

踢"形头"，是满族的足球运动，是满族传统的体育游戏，这与满族祖先生活习俗有关。满族的远祖肃慎人以捕鱼和狩猎为生。每当捕获熊、虎等动物时，便将其头供在树上，众人围着树桩烤食兽肉，饮酒相贺。兴之所至，便将兽皮剥下，缝成皮袋，填上兽毛、兽骨后相互追逐踢打。有时两个部落相遇，则展开山上、山下的激战，以将此皮袋踢到对方栅栏内为赢。明末清初，这种原始的娱乐竞技方式发展为踢"形头"的体育运动。"形头"就是由兽皮所制的圆形球，类似足球，玩时双方只用脚踢球，以踢入对方栅栏次数多者为胜。届时，场外观战的人们则备下年节丰盛的肉菜、黏糕、豆包和米酒。比赛结束时，输了的一方将酒菜送给获胜的一方，然后大家在场地上点起簧火，饮酒吃肉，载歌载

兽皮

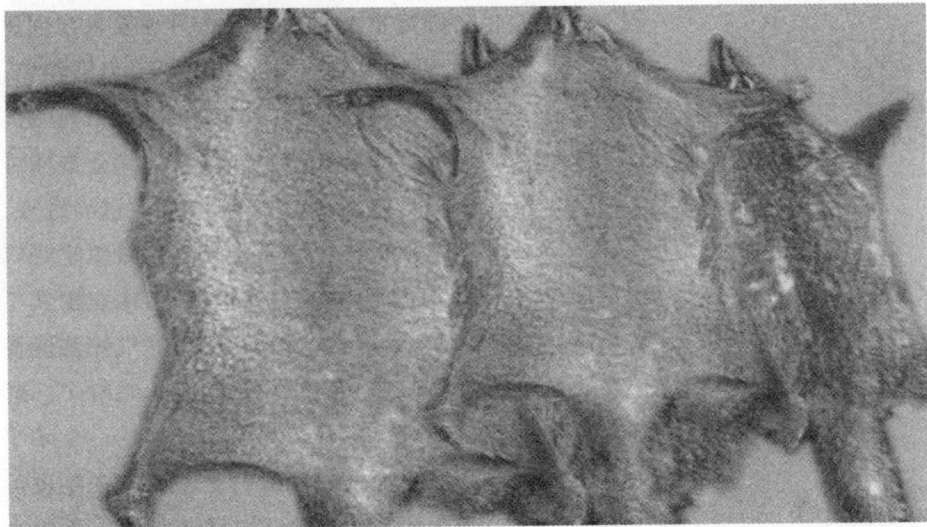

丰富多彩的传统体育

舞，非常欢乐。

（三）冰滑子

　　冰滑子，实际上就是今天我们所说的滑冰比赛。满族人每年冬季都喜欢在江、河、湖水面上进行打滑子比赛和表演。据说冰滑子与当年阿骨打率领女真各部以少胜多的战事有关。阿骨打联合女真各部起兵反辽，辽王就像怀里抱着二十五只老鼠———百爪挠心，于是连忙派重兵镇守吉林宾州，想在此拦住女真兵南下。那时阿骨打只有三千兵马，与宾州的大辽兵相比，兵力远远不如对方，硬打肯定要吃亏，于是只好驻兵在远离宾州的地方。当时正是冬季，大雪飘飘，寒风刺骨，所有江河都冰封了。带兵的大辽元帅以为天冷、雪厚，江上又全部冰冻不能行船，女真兵不可能翻山越岭进来，于是便放松了警惕，天天在城里吃喝玩乐。阿骨打知道辽兵情况后，决定出其不意，战胜辽兵。然而，恶劣的气候使他在怎样快速到达宾州的问题上犯难了。就在这时，阿骨打另一个部落的一个手下为了迅速地给阿骨打送东西，在狍皮靴子上用鹿皮筋绑了一块小木块，木块上安上小铁棍，制作了一双能在冰上能迅速行走的

松花江冬景

"鞋"，这就是冰滑子。阿骨打于是受到启发，马上命人做出三千副这样的冰滑子，让士兵穿上。于是，三千士兵每个人都穿上冰滑子，冒着风雪，连夜从冰封的江面滑往宾州。女真兵飞驰在松花江冰面上，一个挨着一个，就像一条飞腾的白龙，直扑宾州。最后，女真兵出其不意地战胜了大辽兵。冰滑子也从军队传到了百姓中，成了女真人喜爱的一种活动。后来的满族人更喜爱这种活动，清朝皇帝还常常下圣旨，让八旗兵到北京城的北海进行打冰滑子的比赛表演。

（四）"跑满城"

跑满城是结合歌谣进行的大型户外儿童游戏，一般有十到二十多个儿童参加。比赛时，分为甲乙两队相对而站，甲队喊："急争令，开满城。"乙队喊："满城开，要谁呢？"甲队喊："要××上城。"被叫儿童须迅速向对方队伍猛冲过去，对方儿童拉手阻挡，若挡不住，就领回对方一名儿童，若被挡住，则要留下作俘虏，最后以人数多的一队为胜。

（五）冰嘎

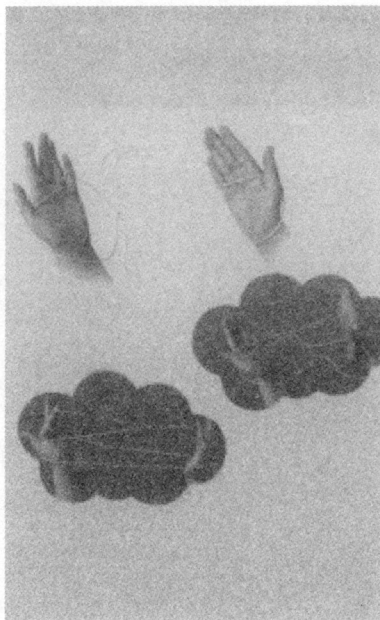

翻绳

丰富多彩的传统体育

陀螺

是满族孩子喜爱的冬季户外活动。冰嘎也叫"陀螺"或"牛",是一木制圆柱尖底玩具,尖端打入一凸形铁顶,以皮鞭在冰上抽打,使之飞速旋转,叫"抽陀螺"或"打牛",以坚持时间长为胜。

（六）翻花绳

翻花绳是女孩在室内的竞赛性游戏,又叫"改（解）绷绷",用一根花绳,套在双手手指上,两人轮换对着翻。花样层出不穷,直到翻完为止。

十 远近驰名的名胜古迹

木兰围场秋景

（一）木兰围场

木兰围场是清朝时世界上第一个、也是迄今为止世界上规模最大的皇帝打猎场所，位于河北省东北部与内蒙古草原接壤处，自古以来就是一处水草丰美、禽兽繁衍的草原。

木兰围场建立后，如果没有特殊情况，清朝皇帝每年都要在这里举行一次军事色彩浓厚的狩猎活动，史称"木兰秋狝"。"木兰秋狝"，按常例进行将近一个月时间，是朝廷的一件大事。从京师至围场沿途按里程、地势设立行宫，供皇帝饮茶、打尖、宿驻、办公之用。皇帝每次围猎，一般要进行二十几天。围猎结束以后，在张三营行宫（现河北省隆化县境内）举行盛大的庆功告别宴会，饮酒歌舞，摔跤比武，并宴请蒙古等王公，按军功大小，予以奖赏。它和避暑山庄一起，成为清政府的另一个政治活动中心。

现在，围场还保留着东庙宫、乾隆打虎洞和石刻、古长城说碑等十几处清代皇帝行围狩猎和北巡围场的文物古迹，以及点将台、练兵台、将军泡子、十二座连营等古战场遗址。还有清朝在沿途修建的许多行宫，最为著名的就是承德避暑山庄和外八庙。

今天，木兰围场已经变成了风景优美、远近闻名的旅游胜地，曾被人赞叹是"水

木兰围场风景优美

远近驰名的名胜古迹

的源头、云的故乡、花的世界、林的海洋、珍禽异兽的天堂"。确实，春夏时节，木兰围场万顷松涛，茫茫草原，繁花碧草；十月金秋，红叶满山，百林易色；隆冬时节，林海雪原，莽莽苍苍，气象万千。如此人间胜景，吸引无数国内外游客和艺术家前来观光、摄影、写生。

（二）沈阳故宫

沈阳故宫又称后金故宫、盛京皇宫，位于辽宁沈阳市，是清努尔哈赤、皇太极两朝皇宫。与北京故宫一起构成了中国仅存的两大完整的明清皇宫建筑群。现在，沈阳故宫是国家重点文物保护单位，是中国现存完整

沈阳故宫荷花池

沈阳故宫凤凰楼

的两座宫殿建筑群之一，现已辟为沈阳故宫博物院。始建于后金天命十年，用十一年时间建成。建筑面积六万多平方米，全部建筑九百余所，三百余间。从大清门到清宁宫为一条中轴线，将故宫分为东、中、西之路。崇正殿为故宫正殿。东部以大政殿为中心，是王公大臣议政场所。西部以文溯阁为中心，是皇帝的书库和书房。总体上看殿宇巍峨，雕梁画栋，富丽堂皇。后这里成为陪都宫殿。除此之外，沈阳故宫还有一些极具浓郁满族特色的建筑，排如雁行的十王亭、万字炕口袋房的清宁宫，以及凤凰楼等高台建筑，在中国宫殿建筑史上绝无仅有。

远近驰名的名胜古迹

（三）避暑山庄

避暑山庄位于河北省承德市北，也称作热河行宫、承德离宫。避暑山庄是清代皇帝夏日避暑和处理政务的场所，是我国著名的古代帝王宫苑，是我国现存最大的园林。避暑山庄几乎占了承德市区的一半，比北京的颐和园大了将近一倍。占地面积达 564 万平方米，宫墙周长约 20 华里。避暑山庄始建于康熙四十二年，建成于乾隆五十五年，历时 87 年。这座规模宏大的园林，拥有殿、堂、楼、馆、亭、榭、阁、轩、斋、寺等建筑一百余处。它的最大特色是山中有园、园中有山，山区占了整个园林面积的五分之四。其间群峰环绕，清泉涌流，密林幽深，美不胜收。当年利用山峰、山崖、山麓、山涧等地形，修建了多处园林、寺庙，解放前多遭破坏，但现在山区景物仍然十分迷人，其中最引人注目的是遥相对立的两个山峰上的亭子，一个叫"南山积雪"，一个叫"四面云山"。在亭子上远眺，山庄的各风景点，山庄外的几座大庙，以及承德市区，周围山上的奇峰怪石，都可以一览无余。在另一座山峰上还有一座亭子叫"锤峰落照"，在这里磬锤峰首

避暑山庄是夏季乘凉的胜地

远近驰名的名胜古迹

避暑山庄是中国现存占地面积最大的古代帝王宫苑

先映入眼帘，每当夕阳西照，磬锤峰被红霞照得金碧生辉，故名"锤峰落照"。

山庄内分宫殿区、苑景区，融南北园林特点于一体。宫殿区是皇帝处理政务和帝后居住的地方，包括"正宫""松鹤斋""万壑松风"和"东宫"（已毁）四组建筑。正宫是宫殿区的主体建筑，包括九进院落，分为"前朝""后寝"两部分。主殿叫"澹泊敬诚"，是用珍贵的楠木建成，因此也叫楠木殿。各种隆重的大典都在这里举行。其后的殿堂分别叫"四知书屋""烟波致爽""云山胜地"等，是皇帝处理朝政、读书和居住的地方。

苑景区的精华基本上在湖区，康熙曾夸

耀苑景区说"天然风景胜西湖"。湖区虽然没有颐和园的昆明湖那么大，但是由于洲岛错落，湖面被长堤和洲岛分割成五个湖，各湖之间又有桥相通，两岸绿树成荫，山庄主要的风景建筑又都散落在湖区的周围，因此显得曲折有致，秀丽多姿。湖区的风景建筑大多是仿照江南的名胜建造的，如"烟雨楼"，是模仿浙江嘉兴南湖烟雨楼的形状修的。金山岛的布局仿自江苏镇江金山。湖中的两个岛分别有两组建筑，一组叫"如意洲"，一组叫"月色江声"。"如意洲"上有假山、凉亭、殿堂、庙宇、水池等建筑，布局巧妙，是风景区的中心。"月色江声"是由一座精致的四合院和几座亭、堂组成。每当月上东山的夜晚，皎洁的月光，映照着平静的湖水，山庄内万籁俱寂，只有湖水在轻拍堤岸，发出悦耳的声音，"月色江声"的题名便是由此而来。

平原区主要是一片片草地和树林。当年这里有万树园，园内有不同规格的蒙古包二十八座。其中最大的一座是御幄蒙古包，直径达七丈二尺，是皇帝的临时宫殿，乾隆经常在此召见少数民族的王公贵族、宗教首领和外国使节。

外八庙：在河北承德避暑山庄外的北侧和东侧。它们是指陆续建于清代康熙和乾隆年间的溥仁寺、溥善寺（已毁），乾隆年建的普宁寺、普佑寺（已毁）、安远庙、普陀宗乘寺、殊象寺、须弥福寿寺等一系列庙群。

避暑山庄保留了很多历史遗迹

满族

外八庙

当年庙群中有八座寺庙由清政府理藩院管理，又都在古北口外，故统称"外八庙"（即口外八庙之意）。久而久之，"外八庙"便成为这十二座寺庙的代称。

外八庙建筑雄伟，规模宏大，在这里可以瞻仰西藏布达拉宫的气势、浏览日喀则扎会伦布寺的雄奇、领略山西五台山殊像寺的风采、欣睹新疆伊犁固尔扎庙的身影，还可以看到世界最大的木制佛像千手千眼观世音菩萨，是汉、蒙、藏文化交融的典范。每年都有大量的游客为了领略它的风采蜂拥而至。

（四）颐和园

远近驰名的名胜古迹

颐和园雪景

颐和园位于北京西郊，距城 15 公里。颐和园原是帝王的行宫和花园。公元 1750 年，乾隆将这里改建为清漪园。1888 年慈禧移用海军经费约三千余万两银子，重加修建，取"颐养冲和"之意，改清漪园为颐和园。颐和园是中国现存古代最大的一座园林，素以规模宏伟、娇丽多姿而享有盛名。颐和园主要由万寿山、昆明湖两大风景区组成，面积 294 公顷，其中水面约占四分之三。这座古典园林以万寿山上高达 41 米的佛香阁为中心，根据不同地点和地形，配置了殿、堂、楼、阁、廊、亭等精致的建筑。山脚下建了一条长达 728 米的长廊，犹如一条彩虹把多种多样的建筑物以及青山、碧波连缀在一起。园内除有亭、台、楼、阁、宫殿、寺观、佛塔、水榭、游廊、长堤、石桥、石舫等一百多处富有民族特色的古典建筑，以及展出的无数艺术珍品外，还有浩瀚的昆明湖，曲折的小河。整个园林艺术构思巧妙，在中外园林艺术史上地位显著，是举世罕见的园林艺术杰作。

（五）清东陵

清东陵位于河北遵化县马兰峪西，是清

满族

朝帝后陵寝建筑群之一。与河北易县的西陵并称。陵区始建于康熙二年，这里埋葬有顺治、康熙、乾隆、咸丰、同治五个皇帝，十四个皇后和一百三十六个妃嫔。除去昭西陵、惠陵、惠妃园寝和公主陵单成体系外，其他各陵均以顺治孝陵为中心，依次排列两边。孝陵在昌瑞山主峰脚下，从进入陵区到孝陵明楼的中轴线上，依次排列着石牌坊、碑楼、龙凤门、神道碑亭、隆恩门等数十座建筑，道路两侧立有整块石料雕成的石人石兽。远看陵区，苍翠的密林中显露出座座楼台殿阁，在苍山蓝天的衬托下，雄伟壮观。这里已开辟为一处游览胜地。

修葺中的清东陵惠陵

远近驰名的名胜古迹

瑷珲城遗址

（六）瑷珲城

瑷珲城也作爱泽、艾浑、文雅、爱呼伦，位于黑龙江省爱辉县爱辉乡。清康熙二十三年，此地成为镇守黑龙江等处将军驻所。后将军移驻墨尔根（现嫩江县），这里改为黑龙江副都统驻所。满族称此城是"萨哈连乌拉霍通"。历史上，这座城因与我国人民英勇抗击沙俄侵略者的斗争事迹相联系而著称于世。现今距城不远的卡伦山、炮台山，巴哈拉达山、北大岭都是当年与沙皇侵略者进行斗争的战场。